Bernd Christmann

Hanns Eisele

Bernd Christmann

Hanns Eisele

Biographische Nachforschungen zu einem SS-Arzt

Tectum Verlag

Bernd Christmann

Hanns Eisele.
Biographische Nachforschungen zu einem SS-Arzt

ISBN: 978-3-8288-2699-1

Umschlagabbildung: © mathias berendt - Fotolia.com
© SZ-Photo
© U.S. Army Signal Corps; wikimedia commons

Umschlaggestaltung: Katja Siegl

Druck und Bindung: CPI buchbücher.de, Birkach

Printed in Germany

Besuchen Sie uns im Internet
www.tectum-verlag.de

Bibliografische Informationen der Deutschen Nationalbibliothek
Die Deutsche Nationalbibliothek verzeichnet diese Publikation in der Deutschen Nationalbibliografie; detaillierte bibliografische Angaben sind im Internet über http://dnb.ddb.de abrufbar.

Inhalt

1 - Warum Eisele? Ein Ansatz aktueller Täterforschung

Als Eugen Kogon 1946 sein nach wie vor viel zitiertes Werk „Der SS-Staat. Das System der deutschen Konzentrationslager" veröffentlichte, rückte er damit auch erstmals Hanns Eisele in den Blick der Öffentlichkeit.[1] Folgendes ist dort in dem Kapitel über die SS-Ärzte des Konzentrationslagers Buchenwald, in dem Kogon selbst von 1939 bis 1945 inhaftiert war, zu lesen:

> „Der Schlimmste dieser Sorte war ohne Zweifel Dr. Eysele. Seine Taten von 1940 bis 1943 übertrafen wohl jede andere von SS-Ärzten begangene Gemeinheit. Auch er nahm zu seiner persönlichen ‚fachlichen' Weiterbildung Vivisektionen an Menschen vor, worauf er die Opfer ermordete, und holte sie sich wahllos von der Lagerstraße weg, führte sie in die Ambulanz, um ihnen Apomorphinspritzen zu geben und sich an den Wirkungen zu ergötzen. Ohne jede Notwendigkeit nahm er Operationen und Gliedamputierungen vor. Narkose des Opfers kam dabei nicht in Frage."[2]

Diese Aufzählung wird noch durch weitere schwere Vorwürfe ergänzt, womit die Hauptanklagepunkte gegen ihn zusammenfassend dargestellt wären:

> „Jedenfalls hat Dr. Eysele im Sommer 1941 plötzlich festgestellt, daß Buchenwald ‚genug Tbc-Kranke' besitze. Er ging dazu über, sie in ganzen Partien durch intravenöse Einspritzungen von Evipan-Natrium oder Herzstich mit dem gleichen Mittel zu töten. […] Bei dieser Aktion wurden von Eysele mindestens 300 Menschen getötet."[3]

Die Eckdaten aus Eiseles Leben sind im Wesentlichen bekannt: Geboren am 13. März 1912 in Donaueschingen. Zwischen 1931 und 1938 Studium der Medizin in Freiburg. 1941 Lagerarzt im KZ Buchenwald, anschlie-

---

1 In dieser Arbeit wird durchgehend die Schreibweise „Hanns" verwendet, da es sich hierbei offenbar um die von Eisele selbst bevorzugte handelt. In der Sekundärliteratur wie auch in den Quellen findet sich demgegenüber auch die Variante „Hans".

2 Die Version „Eysele" findet sich sehr selten in den Quellen. Kogon selbst hat in späteren Auflagen seines Buches eine Korrektur zu „Eisele" vorgenommen. Eugen Kogon, Der SS-Staat. Das System der deutschen Konzentrationslager, Frankfurt am Main 1946, S. 146.

3 Kogon 1946, S. 259 f.

ßend im KZ Natzweiler.[4] Zwischen 1942 und 1945 im SS-Lazarett Prag, die letzten Kriegswochen verbrachte er als Lagerarzt im KZ Dachau. Nach dem Krieg von amerikanischen Truppen verhaftet und zweimal vor einem amerikanischen Militärgericht in Dachau angeklagt, dabei jeweils zum Tode verurteilt. Bis Ende 1948 Umwandlung der Todesurteile in Zeitstrafen, 1952 schließlich amnestiert. Für die nächsten Jahre ist er als niedergelassener Arzt in München tätig. Angesichts eines erneuten Verfahrens vor einem bundesdeutschen Gericht flieht er 1958 nach Ägypten, wo er am 3. Mai 1967 in einem Vorort von Kairo stirbt.[5]

Nach dieser ersten Erwähnung in Kogons Buch blieb es lange Zeit still um Eisele. Das Interesse der deutschen Öffentlichkeit an einer umfassenden Aufdeckung der nationalsozialistischen Verbrechen und der Bestrafung der Täter war schon bald nach Kriegsende in weiten Teilen der Bevölkerung geschwunden oder hatte sich nicht selten in direkten Widerstand verwandelt. Unter den Vorzeichen des Kalten Kriegs erlahmte auch sukzessive der Wille der Besatzungsmächte, die Entnazifizierungsmaßnahmen weiterhin konsequent zu verfolgen. Infolgedessen wurden zahlreiche bereits verurteilte Kriegsverbrecher, die mittlerweile zu einem gewichtigen politischen Faktor im Ringen um die Westintegration der Bundesrepublik geworden waren, nach und nach wieder auf freien Fuß gesetzt. Erst im Jahr 1958 und nach einer Serie von Skandalen, wozu auch die Flucht Eiseles im Juli dieses Jahres zu rechnen ist, begann ein neues Kapitel in der Geschichte der Aufarbeitung und Verfolgung der Naziverbrechen.[6] Durch seine Flucht nach Ägypten, deren dubiose Umstände über Monate hin für Schlagzeilen sorgten, wurde seine Vergangenheit mit großem öffentlichem Aufsehen thematisiert und selbst auf höchster politischer Ebene erregt diskutiert. Höchstwahrscheinlich ist es auch auf diese Episode zurück zu führen, dass Eisele seitdem in zahlreichen Publikationen zur deutschen Nachkriegsgeschichte und Ver-

---

4 Die von Kogon angegebene Dienstzeit in Buchenwald von 1940 bis 1943 ist falsch. Vgl. dazu Kapitel 4. 1. Problematik der Zeugenschaft.

5 Für diese Zusammenfassung siehe: Gedenkstätte Buchenwald (Hg.), Konzentrationslager Buchenwald 1937–1945. Begleitband zur historischen Ausstellung, Göttingen 1999, S. 307.

6 Dazu gehören der „Fall Zind", mehrfache Schändungen jüdischer Friedhöfe, aber auch die unter erhöhter öffentlicher Aufmerksamkeit stattfindenden Prozesse gegen den ehemaligen Bunkerchef von Buchenwald Martin Sommer vor dem Schwurgericht in Bayreuth oder der seit 1957 laufende Ulmer Einsatzgruppenprozess. Dazu: Manfred Kittel, Die Legende von der „Zweiten Schuld". Vergangenheitsbewältigung in der Ära Adenauer, Frankfurt am Main 1993, S. 297-308.

gangenheitsbewältigung immer wieder erwähnt wurde, meist jedoch lediglich in Form einer Randnotiz. Im Jahr 2003 veröffentlicht Ernst Klee ein Personenlexikon des Dritten Reichs, in dem sich unter dem Stichwort Eisele ein kurzer Eintrag findet, der sich im Wesentlichen erneut auf Kogons Schilderungen stützt: *„Seine Taten übertrafen wohl jede andere von SS-Ärzten begangene Gemeinheit."*[7] Eine der aktuellsten Erwähnungen Eiseles in einer wissenschaftlichen Publikation scheint also den bereits 1945 bekannten Fakten nicht viel hinzufügen zu können und diese unhinterfragt zu übernehmen.

Es drängt sich nun allerdings die Frage auf, ob und worin überhaupt Bedarf besteht, mehr als nur einen kurzen lexikalischen Beitrag über einen Mann wie Eisele zu produzieren. Zwar weist seine Biographie einige abenteuerliche Wendungen und hinreichend dramatisches Potenzial auf, dies ist jedoch eher von literarischem als von wissenschaftlichem Interesse. Auch die möglichen Methoden wären zu überprüfen, mit denen sich biographische Informationen zu einzelnen NS-Tätern überhaupt erschließen lassen, die wie Eisele in eher untergeordneten Positionen tätig waren und die, pauschal zusammengefasst, die schwer zu überschauende und wenig erforschte Gruppe der „Täter der zweiten und dritten Handlungsebene" bilden.[8] Denn gerade hier zeigt sich auch wenn bereits seit einigen Jahren immer wieder sehr fruchtbare Versuche unternommen werden, die Strukturen der Täterforschung weiter zu differenzieren, den Blick verstärkt auf einzelne Gruppen von Tätern zu richten oder den Blick auf neue Gruppen zu öffnen, dass die zeitgenössische Täterforschung nach wie vor auf einem dünnen Fundament steht. Gerade zur intensiven biographischen Erforschung der Elite des Dritten Reichs besteht hier ein eklatantes Ungleichgewicht.[9]

Als Initial für eine erstmals auf breiter Front begonnene Täterforschung, die sich verstärkt den Direkttätern widmete, wird immer wieder die auch heute noch richtungsweisende Arbeit von Christopher R. Browning über das Hamburger Reservebataillon 101 und dessen Beteiligung am

7 Ernst Klee, Das Personenlexikon zum Dritten Reich. Wer war was vor und nach 1945? Frankfurt am Main 2003, S. 132.

8 Wolfgang Benz, Holocaustforschung, in: Wolfgang Benz/Angelika Königseder (Hg.), Judenfeindschaft als Paradigma. Studien zur Vorurteilsforschung, Berlin 2002, S. 121.

9 Ein Überblick findet sich bei: Karin Orth, DieHistoriografie der Konzentrationslager und die neuere KZ-Forschung, Archiv für Sozialgeschichte 47, Bonn 2007, S. 579 - 598.

Judenmord in den besetzten Gebieten im Osten genannt.[10] Seitdem, durch die Kontroverse um die Wehrmachtsausstellung des Hamburger Instituts für Sozialforschung und die Goldhagendebatte Mitte der 90er Jahre noch zusätzlich mit Antrieb versehen, hat sich in zahlreichen Arbeiten ein qualitativ und quantitativ neues Interesse an den Tätern und den Details ihres Handelns niedergeschlagen.[11]

Mit der zunehmenden Ausdifferenzierung dieser diffusen und abstrakten Gruppe, die die einzelnen Akteure und ihr jeweiliges Handlungsfeld immer mehr ins Zentrum des Interesses rückten, stand nun auch deren ganz persönliche Motivation zur Debatte. Wo vorher häufig nur die Struktur des Vernichtungsapparates in den Vordergrund gerückt wurde, in der die Beteiligten zu einem technisch-funktionalen Faktor degradiert erschienen, tauchte nun auch immer mehr die Möglichkeit des Vorhandenseins individueller Handlungsoptionen, Triebfedern und Bewältigungsstrategien auf. So wurde die Forderung erhoben, auf allen Ebenen von den Schreibtischtätern und Organisatoren des Völkermords bis hin zu den einzelnen Mitgliedern der Erschießungskommandos, nach Deutungsansätzen zu forschen, Gemeinsamkeiten und Unterschiede herauszuarbeiten und die bisherigen exkulpierenden Erzählungen aufzubrechen, die etwa vom Typus des emotionslosen bürokratischen Befehlsempfängers in einem zentral gesteuerten Vernichtungsprozess oder von psychopathischen Killerpersönlichkeiten ausgingen. Umgekehrt sollte allerdings auch die umstrittene monokausale Deutung Goldhagens, der den spezifisch deutschen eliminatorischen Antisemitismus als einzige Triebfeder der Täter benannte, nicht unbeantwortet bleiben, sondern durch detaillierte Studien ergänzt und widerlegt werden. Als zentraler Punkt hat sich dabei die Frage nach der „Normalität" der Täter etabliert und ob diese unter integrativen oder exkulpierenden Gesichtspunkten zu betrachten sei. Explizit wird dabei, trotz aller damit verbundenen Schwierigkeiten, der biographische Zugang zu Tätergruppen und Einzelpersonen als Methode angewandt und in verstärktem Maße gefor-

---

10 Christopher R. Browning, Das Reserve-Polizeibataillon 101 und die Endlösung in Polen, Reinbek bei Hamburg 1999. Als eine Fortsetzung dieser Arbeit lässt sich das Buch von Harald Welzer, Täter. Wie aus ganz normalen Menschen Massenmörder werden, Frankfurt am Main 2005, sehen.

11 Eine umfassende Überblicksdarstellung über den Verlauf der Täterforschung liefert: Gerhard Paul, Von Psychopathen, Technokraten des Terrors und ganz gewöhnlichen Deutschen. Die Täter der Shoah im Spiegel der Forschung, in: ders. (Hg.) Die Täter der Shoah. Fanatische Nationalsozialisten oder ganz normale Deutsche? Göttingen 2002.

dert.[12] Dahinter steckt die Vorstellung, neue Deutungsansätze für das Verhalten der betroffenen Personengruppen gewinnen zu können, den Holocaust als kompakten Prozess aufzuschlüsseln und die Eigendynamiken, die sich an den Stationen der Vernichtung entwickelten, deutlich zu machen. Auch hier liegt der Schwerpunkt bislang mehrheitlich auf Einzelpersonen oder Personengruppen in hochrangigen Funktionen.[13]

Mit dieser Arbeit soll der Versuch unternommen werden, die Grenzen der Täterforschung auszuloten und einen Beitrag zu leisten, die individuelle Dimension des nationalsozialistischen Massenmordes zu erarbeiten. Warum die Auswahl nun ausgerechnet auf Hanns Eisele fiel, soll im Folgenden nochmals intensiver begründet werden.

Als SS-Arzt gehört er einer Personengruppe innerhalb des Täterkreises an, die sich, ob sie nun im KZ eingesetzt wurden oder in Kampfeinheiten der Waffen-SS Dienst taten, in vielerlei Hinsicht von ihrem sozialen Umfeld abhoben. Diese Spezifika der SS-Ärzte betont etwa auch Karin Orth, die in ihrem Buch über das Führungspersonal der Konzentrationslager die Ärzte bewusst nur am Rande behandelt.[14] Diese unterschieden sich so stark vom Rest der in diesem Zusammenhang untersuchten Gruppe, etwa in Bezug auf ihr soziales Milieu, auf ihren Bildungsweg und Karriereverlauf sowie ihren Aufenthaltszeitraum in den Lagern, dass das von ihr angewendete Raster für die Ärzte nicht anwendbar sei. Dazu soll an dieser Stelle auch bereits die am Ende zu behandelnde Frage nach einer eventuellen Sonderstellung des Arztes in der Gesamtgesellschaft und deren speziellen Ausprägung im Nationalsozialismus angesprochen werden.

---

12 Klaus-Michael Mallmann/Gerhard Paul , Sozialisation, Milieu und Gewalt. Fortschritte und Probleme der neueren Täterforschung, in: dies. Karrieren der Gewalt. Nationalsozialistische Täterbiographien, Darmstadt 2004, S. 4. Ebenso bereits Herbert Jäger, Verbrechen unter totalitärer Herrschaft. Studien zur nationalsozialistischen Gewaltkriminalität, Frankfurt am Main 1982, S. 300.

13 Beispielsweise Paul/Mallmann 2004, Michael Wildt, Generation des Unbedingten. Das Führungskorps des Reichssicherheitshauptamtes, Hamburg 2003, Ronald Smelser/Enrico Syring (Hg.), Die SS: Elite unter dem Totenkopf. 30 Lebensläufe, Paderborn 2000, Norbert Frei, Karrieren im Zwielicht. Hitlers Eliten nach 1945, Frankfurt am Main 2001, Ruth Bettina Birn, Die höheren SS- und Polizeiführer. Himmlers Vertreter im Reich und in den besetzten Gebieten, Düsseldorf 1986, Ernst Klee, Was sie taten, was sie wurden. Ärzte, Juristen und andere Beteiligte am Kranken- und Judenmord, Frankfurt am Main 1998.

14 Karin Orth, Die Konzentrationslager-SS. Sozialstrukturelle Analysen und biographische Studien, München 2004, S. 45 sowie S.60.

Zur Geschichte der Medizin im Dritten Reich gibt es eine Fülle von Literatur, vor allem seit das Fach selbst in den 80er Jahren begonnen hat, sich intensiver mit seiner Vergangenheit zu beschäftigen. Doch auch hier ergibt sich eine ähnliche Problemstellung wie in der Täterforschung. So wird der sozialen Lage der Ärzte im NS beispielsweise sehr viel Raum gewidmet. Auch der Bereich ärztlicher Verbrechen ist, in Anlehnung an Alexander Mitscherlichs Dokumentensammlung zum Nürnberger Ärzteprozess, zwar vielfach thematisiert worden, jedoch mit einer Konzentration auf eine kleine Auswahl von Tatkomplexen.[15] Für diese Einzelfälle wie etwa die Experimente von Josef Mengele in Auschwitz, Sigmund Raschers Druckkammerversuche in Dachau oder die Sulfonamid-Versuche in Ravensbrück, wurde eine große Öffentlichkeit geschaffen, aber gleichzeitig der Blick auf das gesamte Spektrum ärztlicher Tätigkeit und ärztlicher Verbrechen im Kontext der Konzentrationslager weitgehend verbaut. Vor allem in Folge der Darstellung und Rezeption der Verbrechen Mengeles entstand ein tief in dämonisierenden Kategorien verankertes Bild des typischen Naziarztes, das insgesamt von einer verzerrten und lückenhaften Wahrnehmung der Ärzteschaft als einer homogenen Personengruppe zeugt.[16] Auch die häufig vorgebrachte Formel von „pseudowissenschaftlichen" Versuchsreihen ist in diesem Zusammenhang letztlich eine exkulpierende Behauptung, da die Menschenversuche in der NS-Zeit sehr wohl nach streng wissenschaftlichen Kriterien und von namhaften Forschern durchgeführt wurden und objektive Erkenntnisgewinne anstrebten. Ihnen die Wissenschaftlichkeit abzusprechen heißt, die Schrankenlosigkeit der medizinischen Forschung im Nationalsozialismus auszublenden und sie als Taten geistesgestörter Wissenschaftler darzustellen.[17]

Neben den in den Konzentrationslagern verübten Medizinverbrechen ist es überdies noch die Beteiligung zahlreicher Mediziner und Psychiater in maßgeblicher Funktion am Euthanasieprogramm, die den Ärzten eine elitäre Stellung innerhalb des Täterkreises einbrachte, wozu auch der Nürnberger Ärzteprozess bei dem fast ausschließlich hochrangige Mediziner angeklagt waren, wesentlich beigetragen hat. Doch genau diese

---

15 Alexander Mitscherlich, Medizin ohne Menschlichkeit. Dokumente des Nürnberger Ärzteprozesses, Frankfurt am Main 1989.

16 Dazu etwa bei Sven Keller, Günzburg und der Fall Josef Mengele. Die Heimatstadt und die Jagd nach dem NS-Verbrecher, München 2003, S. 63 ff.

17 Rolf Winau, Medizinische Experimente in den Konzentrationslagern, in: Wolfgang Benz/Barbara Distel (Hg.) Der Ort des Terrors. Geschichte der nationalsozialistischen Konzentrationslager Bd. 1, München 2005, S. 176.

Konstruierung einer Täterelite hat dazu geführt, dass nach wie vor jenseits der Prominenz von Rascher, Mengele etc. kaum eine konkrete biographische Auseinandersetzung mit der Tätigkeit jener Ärzte statt fand, deren Karrieren im Nationalsozialismus eher durchschnittlich verliefen, die nicht mit prestigeträchtigen Projekten befasst und die nicht in politische Entscheidungsprozesse eingebunden waren.[18] Eine Sonderrolle kommt hierbei den SS-Ärzten zu, deren Karrieremuster, Ausbildung und Tätigkeit in dem besonderen Kontext ihrer SS-Zugehörigkeit betrachtet werden muss, zumal wenn es sich um Personen handelt, die wie Hanns Eisele unmittelbar nach dem Studium einberufen wurden und somit noch keine zivile Karriere aufbauen konnten. Gerade durch den Einsatz in den Konzentrationslagern, gelangten sie in eine Position, die für die Häftlinge von vitaler Bedeutung sein konnte. Unter den Extrembedingungen in den Lagern war das Verhalten des Arztes ein Faktor von fundamentaler Wichtigkeit und brachte ihm eine ungeheure Machtfülle ein. Der Lagerarzt war in ungezählten Fällen Herr über Leben und Tod. Zwar gehört diese Macht auch unter normalen Bedingungen in abgeschwächter Form schon zur ärztlichen Aura, im Lager jedoch war sie von jeglichen zivilen Regeln und Kontrollen losgelöst und somit fast ausschließlich Ausdruck individueller Entscheidungsfreiheit, die letztlich durch die individuellen ethischen und moralischen Grundsätze und Überzeugungen definiert war. Nicht selten führte diese Tatsache zu verbrecherischem und mörderischem Verhalten.

Diese Überlegungen führen nun dazu, dass es sich in mehrer Hinsicht anbietet, mit einer biographischen Erkundung Hanns Eiseles als einem potenziell „typischen" SS-Arzt die Möglichkeiten auszuloten, wie anhand einer exemplarischen Studie Erkenntnisse über das Wirken der SS-Ärzte in den Konzentrationslagern gewonnen werden können. Um damit einen Blick auf die Ärzte zu werfen, die lediglich ihre Rolle in der Lagerhierarchie einnahmen, die nicht nach Ruhm innerhalb der wissenschaftlichen Welt strebten, die dafür teils zu jung, teils nicht ehrgeizig, einflussreich oder begabt genug waren. Es sollen dabei die individuellen Freiräume und Handlungsoptionen ermittelt werden, die ein SS-Arzt im KZ-Dienst zur Verfügung hatte und inwiefern er sich dabei als Arzt vom Rest des SS-Personals unterschied. Auf Grund der Quellenlage kann in diesem Fall kein Schwerpunkt auf den ärztlichen Dienst bei Kampfeinheiten gelegt werden.

---

18 Aktuellstes Beispiel für diese Tendenz ist die umfangreiche Biographie von Hitlers Leibarzt: Ulf Schmidt, Hitlers Arzt Karl Brandt. Medizin und Macht im Dritten Reich, Berlin 2009.

Auf die Schwierigkeiten, die sich bei einer solchen biographischen Studie hinsichtlich der Quellen ergeben, wurde bereits weiter oben verwiesen. Als Hauptproblem wird dabei immer wieder das Fehlen geeigneter Ego-Dokumente angeführt. Dies ist für Eisele insofern zutreffend, als in der Tat keine persönlichen Aufzeichnungen von ihm, etwa in Form von Briefen, Notizen oder Tagebüchern auffindbar sind, die aus seiner aktiven Dienstzeit stammen. Was hingegen vorliegt ist ein 52-seitiges Memorandum, das er während seiner Haft in Landsberg, unmittelbar nach dem Buchenwald-Prozess als apologetische Schrift unter dem Titel „Audiatur et altera pars" verfasste.[19] Er setzt sich darin detailliert mit den gegen ihn vorgebrachten Anklagepunkten auseinander und liefert seine eigene Version der Geschehnisse während seines Aufenthalts in Buchenwald. Auch seine Tätigkeit in anderen KZ und bei der SS-Division „Das Reich" wird dort von ihm angesprochen, worüber hinaus er versucht, sein persönliches Selbstverständnis zu erläutern. Als Quelle muss dieses Memorandum zwar unter den besonderen Entstehungsbedingungen als Verteidigungsschrift mit dem Ziel einer Strafmilderung betrachtet werden, dennoch ist es in vielerlei Hinsicht sehr aufschlussreich. Als Ergänzung dazu bieten sich die Äußerungen ehemaliger Häftlinge an, die sich in ganz unterschiedlichen Kontexten finden. In der Hauptsache handelt es sich dabei um die im Umfeld verschiedener Prozesse zustande gekommenen Zeugenaussagen, in denen auf Eisele Bezug genommen wird und die durch Schilderungen aus der Erinnerungsliteratur noch ergänzt werden können. Dabei kommt man nicht umhin, auf die vielfach thematisierte Zeugenproblematik hinzuweisen, die im entsprechenden Kapitel einleitend behandelt wird.[20] So finden sich in den genannten Aussagen immer wieder Ungereimtheiten oder Widersprüche, deren Ursache häufig auf die Bedingungen des Lagerlebens zurückzuführen sind. Beispielsweise liegt es auf der Hand, dass es für einen ehemaligen Häftling fast unmöglich ist, einem Vorfall ein konkretes Datum zuzuordnen oder sich an den genauen Namen eines SS-Mannes zu erinnern. Auch eine Verifizierung von Zeugenaussagen durch Parallelüberlieferungen ist so gut wie ausgeschlossen, da entsprechende Akten nur selten zur Verfügung stehen. Aktenbestände der Lagerverwaltungen wurden meist vor Auflösung oder Befreiung des Lagers vernichtet. In den Be-

---

19 Im Folgenden bei Verweisen abgekürzt als EM = Eisele Memorandum. Die hier vorliegende Abschrift stammt aus dem Archiv der Gedenkstätte Buchenwald.

20 Dazu etwa: Adalbert Rückerl, Die Strafverfolgung von NS-Verbrechen 1945-1978. Eine Dokumentation, Karlsruhe 1979, S. 90ff sowie hier Kapitel 4.

ständen des ehemaligen Berlin Document Center befindet sich ein kleiner Bestand mit Personalakten Eiseles, aus dem sich Informationen über die einzelnen Stationen seiner Karriere entnehmen lassen. Darunter sind auch Dokumente des Rasse- und Siedlungshauptamtes, die von Eisele anlässlich seiner Eheschließung 1939 eingereicht wurden und mit deren Hilfe einige Angaben zu seiner Herkunft und seinem familiären Umfeld gemacht werden können. Als letzter größerer Quellenkorpus wären die Zeitungsberichte im Zusammenhang mit Eiseles Flucht nach Ägypten zu nennen, die einerseits Auskunft über deren genauere Umstände geben und in denen auch wiederum einige ehemalige Häftlinge zitiert werden und somit nicht aktenkundig gewordene Aussagen wiedergegeben werden. Nicht zuletzt repräsentieren diese Artikel auch das gesellschaftliche Interesse an diesem Fall und dokumentieren somit die in diesem Zeitraum statt findende Sensibilisierung der Öffentlichkeit für die NS-Vergangenheit. Aus der Betrachtung der Quellen wird schon im Vorfeld deutlich, dass diese Arbeit mit ihrem biographischen Ansatz zwangsläufig auch experimentellen Charakter trägt und dass die Frage, wie weit eine solche Studie bei dieser Quellenlage überhaupt tragfähig ist, über allen anderen Fragestellungen schwebt.

2 - Herkunft, Milieu und Generation

2.1 Donaueschingen - Nationalsozialismus in der Provinz

Gerade bei den gruppenbiographischen Untersuchungen der letzten Jahre wird auf die in der Überschrift genannten Faktoren verstärkt Wert gelegt, teilweise werden sie sogar zum Aufhänger gemacht, nimmt man etwa Michael Wildts „Generation des Unbedingten" als prominentes Beispiel. Aus der Zugehörigkeit zu einer Generation oder der Herkunft aus einem bestimmten Milieu sollen dabei ein gemeinsamer Erfahrungshorizont und aus diesem heraus ableitbare Handlungsweisen ermittelt werden, wie es etwa in Bezug auf die Führungsgruppe des Reichssicherheitshauptamtes oder das Führungspersonal der Konzentrationslager auch eindrucksvoll gelungen ist.[21]

Insofern liegt es nahe, auch bei einer Einzelperson zuerst Fakten zur Herkunft abzufragen und diese vor dem Hintergrund der Ergebnisse dieser Untersuchungen auszubreiten.

Eisele wird am 13. März 1912 in der Kleinstadt Donaueschingen im südlichen Schwarzwald geboren, in einer Gegend, in der religiöses Leben und die Tradition des lokalen Adels gleichermaßen lebendig sind. Beim Versuch einer generationellen Einordnung ergibt sich hier bereits eine erste Schwierigkeit, da der Jahrgang 1912 sich ziemlich genau an der Schnittstelle der so genannten Kriegsjugendgeneration und der Nachkriegsgeneration befindet.[22] So schrieb Ulrich Herbert in seiner Studie über Werner Best:

> „Nun ist die Verwendung des Begriffs der ‚Generation' als historische Kategorie problematisch, weil weder exakt definiert werden kann, was eine Generation jeweils ausmacht und definiert, noch die Auswirkungen einer kollektiven Generationserfahrung einigermaßen präzise herausgestellt und als solche von anderen Einflüssen getrennt betrachtet werden können."[23]

Das bewusste Miterleben des Ersten Weltkriegs, das von der Forschung als wichtiges Kriterium zur Definition und Eingrenzung eines gruppenspezifischen Erfahrungshorizontes verwendet wurde, scheidet bei Eisele

---

21 Orth 2004.

22 Zu dieser Kategorisierung siehe: Paul/Mallmann 2004, S. 6.

23 Ulrich Herbert, Best - Biographische Studien über Radikalismus, Weltanschauung und Vernunft 1903-1989, Bonn 2001, S. 42.

somit aus. Ob die Unruhen vom November 1918, die bis in die badische Provinz Auswirkungen zeigten, dem damals Sechsjährigen nachhaltig in Erinnerung blieben, ist fraglich. Als eine der ersten bewussten Erfahrungen Eiseles muss hingegen wohl die Inflationskrise von 1923 gewertet werden, die auch in Donaueschingen, deutliche Auswirkungen zeigte. Wie in zahlreichen anderen badischen Gemeinden wurde ein eigenes Notgeld gedruckt und die Arbeitslosigkeitsquote lag zeitweise bei über 30 Prozent.[24] Dass dies für Eiseles Familie mit hoher Wahrscheinlichkeit schwerwiegende Folgen gehabt haben dürfte, lassen die Arbeitsverhältnisse seines Vaters Johann vermuten. So gab Hanns Eisele als dessen Beruf Kunstmaler bzw. Kunst- und Kirchenmaler an, was auf eher geringe finanzielle Mittel hindeutet.[25] Genauer lässt sich dies objektiv allerdings nicht zurückverfolgen. Was die Tätigkeit des Vaters betrifft, konnte ein größerer Auftrag aus dem Jahr 1913 ermittelt werden, bei dem er den Innenraum der Trochtelfinger Burgkapelle mit Bildern der 14 Nothelfer gestaltete.[26] Ein Hinweis auf eine eventuell prekäre finanzielle Lage der Familie ist die Tatsache, dass Eisele der seit 1922/23 das humanistische Gymnasium besuchte, dies nur mit Unterstützung und Förderung durch den 1942 in Dachau ermordeten Stadtpfarrer Dr. Heinrich Feurstein tun konnte.[27] Nimmt man zum familiären Umfeld noch die Großväter hinzu, da deren Berufe Landwirt bzw. Rechnungsführer,

---

24 Volkhard Huth, Donaueschingen - Stadt am Ursprung der Donau. Ein Ort in seiner geschichtlichen Entwicklung, Sigmaringen 1989, S. 189. Auf diese Dissertation stützen sich im Wesentlichen alle Angaben zur Situation in Eiseles Heimatstadt. Überdies scheinen andere, nach wissenschaftlichen Maßstäben erstellte Arbeiten zur Stadtgeschichte nicht vorzuliegen.

25 BArch (ehem. BDC) SSO, Eisele, Hanns, 13.03.1913, BO160, Bl. 1310 ff und EM S. 56.

26 Vgl.: www.kath.kirche-in-trochtelfingen.de/Kapellen/Burgkapelle/body_burgkapelle.html (Zugriff am 22. 04. 2005).

27 Huth 1989, S. 208 und http://www.fg.vs.bw.schule.de/projekte/ns-dsfach/nsds-05.htm (Zugriff am 27. 04. 2005). Beide Quellen stützen sich dabei offenbar auf die Befragung von Zeitzeugen vor Ort. Zu Dr. Heinrich Feurstein sei erwähnt, dass er in den 20er und 30er Jahren ein der prägenden Persönlichkeiten der Donaueschinger Öffentlichkeit war und auch heute noch in hohem Ansehen steht. Zu seinem Wirken in dieser Zeit siehe: Richard Zahlten, Dr. Heinrich Feurstein, Donaueschingen 1992, S. 33-86. Seine Beziehung zu Eisele ist von ganz besonderer Brisanz, da Feurstein, der als erklärter Gegner der Nazis in seiner Neujahrsansprache von 1942 die Euthanasiemorde öffentlich anprangerte, am 7. Januar 1942 von der Gestapo verhaftet wurde und schließlich im Juli im KZ Dachau den Tod fand. An eben dem Ort also, der die letzte Station in Eiseles SS-Karriere sein sollte. Vgl. Huth 1989, S. 207.

ebenfalls bekannt sind, so ergibt sich hieraus allenfalls eine Zugehörigkeit zur unteren Mittelschicht. Gerade die selbstständige und auf Aufträge angewiesene Tätigkeit des Vaters lässt dabei auf eher unsichere Einkommensverhältnisse schließen. So verwundert es nicht, dass Eisele immer wieder die wirtschaftliche Not seines Elternhauses betonte. Im Schlussteil seines Memorandums heißt es etwa, sein Leben sei ein *„unaufhörlicher Kampf"* gewesen, der seinen Anfang in der Armut der Familie genommen habe.[28]

Diesen Umstand und seine unmittelbare Einbindung in die materielle Versorgung der Familie, hatte er bereits in dem 1939 beim Rasse- und Siedlungs-Hauptamt eingereichten Lebenslauf dargelegt. Auch von einem Bekannten der Familie wurde ihm bescheinigt, dass *„er sich schwer hat durchringen müssen"*.[29] Es verwundert deshalb umso mehr, dass Eisele mit keinem Wort die ihm zu Teil gewordene Förderung durch Pfarrer Feurstein erwähnt, dessen Schicksal ihm bekannt gewesen sein dürfte, und stattdessen hervorhebt, alles aus eigener Kraft erreicht zu haben. Umgekehrt liefert er zahlreiche Verweise auf seine zutiefst christliche Überzeugung und es waren wohl auch gute Verbindungen zu hohen kirchlichen Würdenträgern, die 1952 in entscheidendem Maße zu seiner Begnadigung beitrugen. Dazu kamen überdies die Aussagen von mehreren Priestern, die als ehemalige KZ-Häftlinge vernommen wurden und die Eisele menschliches und uneigennütziges Verhaltet attestierten.[30] Das Verschweigen seiner Beziehung zu Feurstein, der ihn offenbar auch während seines Studiums noch förderte, ist insofern rätselhaft, da sie durchaus ins Konzept seiner Verteidigung gepasst hätte.

Die politische Situation nun wird in Donaueschingen als eher gemäßigt beschrieben. In der stark vom Katholizismus geprägten Stadt fanden die extremen Parteien in den zwanziger Jahren nur verhaltenen Zulauf, zumal nach dem Ende der Inflation eine Phase wirtschaftlicher und kultureller Prosperität folgte.[31] So war die Stadt bis 1927 Heimat der international bekannten „Donaueschinger Musiktage", die unter der Schirmherrschaft des Fürsten von Fürstenberg aufstrebenden Musikern und Komponisten der Neuen Musik wie Paul Hindemith ein Forum boten. Dieses Klima mag auch den jungen Hanns Eisele beeinflusst haben –

28 EM S. 53.

29 Siehe Anmerkung 27.

30 Michael Phayer, The Catholic Church and the Holocaust, 1930 - 1965, Bloomington 2000, S. 139 ff.

31 Huth 1989, S. 189 ff.

zumindest stellte er sich in seiner Verteidigung als von Grund auf musischen Menschen dar.[32]

In wirtschaftlicher Hinsicht waren die zwanziger Jahre von intensiver Bautätigkeit in der ganzen Region gekennzeichnet, was für Eiseles Familie insofern von Bedeutung war, da als eines der größten Bauprojekte zwischen 1927 und 1928 die Marienkirche in Donaueschingen errichtet wurde, was zumindest in diesen Jahren auf eine potenziell gute Auftragslage für Johann Eisele hindeutet.[33] Nach 1930 lässt sich, bei einer gleichzeitigen Verschlechterung der ökonomischen Situation in Folge der Weltwirtschaftskrise, ein Wählerzulauf bei der NSDAP feststellen. Ihr bestes Ergebnis erreichte sie bei den Wahlen vom 31. Juli 1932 mit 24 Prozent, büßte aber mit einer Besserung der Lage auf dem Arbeitsmarkt, nach der Jahreswende 1933, bereits wieder Stimmen ein. Weder NSDAP noch KPD konnten dauerhaft eine deutliche Mehrheit der Wähler in Donaueschingen, die traditionell dem politischen Katholizismus verbunden waren, für sich gewinnen. Erst nach der Machtergreifung Hitlers verdrängten die örtlichen NSDAP-Funktionäre die bisherigen Amtsinhaber aus ihren Positionen.[34] Ein wichtiger Schritt auf dem Weg zur Akzeptanz in breiteren Bevölkerungsschichten dürfte wohl die Vereinnahmung des alternden Fürsten Max Egon von Fürstenberg durch die Nazis gewesen sein, woraufhin sich ein Großteil der Donaueschinger spätestens ab 1934 mit den neuen Machthabern zumindest arrangiert hatte.[35]

Eisele wird im Alter von 21 Jahren am 1. Mai 1933 Parteimitglied wie viele andere, die sich eilfertig den neuen Verhältnissen anpassten.[36] Diese vordergründig opportunistisch motivierte Entscheidung bedarf allerdings einer gründlicheren Hinterfragung.

2.2 Medizinstudent im Dritten Reich

Seit dem Sommer 1931 war Eisele an der Medizinischen Fakultät der Albert-Ludwigs-Universität im nahen Freiburg eingeschrieben. Aus seinen Aufzeichnungen geht hervor, dass er sein Studium 1933 unterbre-

---

32 EM S. 40.

33 Huth 1989, S. 190.

34 Ebd. S. 198 ff.

35 Ebd. S. 201.

36 Sein Mitgliedausweis mit der Nummer 3125695 befindet sich unter seinen Akten in den Beständen des ehemaligen BDC. BArch (ehem. BDC) SSO, Eisele, Hanns, 12.03.1912.

chen musste, um seine Familie finanziell zu unterstützen.[37] Offenbar war der Vater schwer an Magenkrebs erkrankt, an dessen Folgen er 1934 im Alter von 64 Jahren starb. Während dieser Zeit verdingte Hanns Eisele sich mit diversen Nebentätigkeiten, so als *„Landschaftsmaler und Restaurateur von Kirchenmalerei und Skulpturen"*, bis er ab 1935 durch das Erteilen von Privatunterricht genug verdiente, um sein Studium wieder aufnehmen zu können.[38] Sein Parteieintritt steht wohl ganz konkret im Zusammenhang mit einer prekären wirtschaftlichen und persönlichen Notlage, in der Eisele sich mit völlig unklaren Zukunftsaussichten konfrontiert sah. Insofern ist es einigermaßen schwer zu erörtern, ob sich dieser Schritt primär oder gar ausschließlich als Verzweiflungstat interpretieren lässt und wie groß seine inhaltlichen Übereinstimmungen mit dem Nationalsozialismus vielleicht unabhängig davon waren. Vor 1933 lässt sich bei ihm keine Verbindung zur NSDAP oder irgendeiner anderen politischen Organisation nachweisen. Will man nun seine Zukunftsangst dennoch nicht als alleinigen Grund gelten lassen, so muss man seinen Entschluss, Parteimitglied zu werden auch durchaus auf überlegtes Kalkül zurückführen und dabei ebenso sein jugendliches Alter bedenken. Im gleichen Jahr ist in seinen Personalakten der Eintritt in die SS am 3. November unter der Mitgliedsnummer 237421 vermerkt.[39] Demgegenüber steht seine Aussage im Dachau-Prozess, in der er behauptete, erst im November 1943 in die Allgemeine SS eingetreten zu sein, nachdem er 1940 zur Waffen-SS eingezogen worden sei, wobei es sich jedoch um einen Druck- oder Verständnisfehler des Gerichtsschreibers handeln kann.[40] In seinem Memorandum spricht er von einem Eintritt in die SA im Oktober 1933, von wo aus er im November zur SS überstellt worden sei.

Über den Verlauf seines Studiums liegen mit Ausnahme seiner eigenen Darstellung bezüglich der eben geschilderten Unterbrechung keine weiteren Aufzeichnungen vor. Außer einer Betätigung als stellvertretender Studentenführer und als „Amtsleiter für Wissenschaft und Facherziehung" zwischen 1937 und 1938 ist nichts über eine etwaige Zugehörigkeit zu einer studentischen Organisation oder anderweitige politische Betätigung bekannt.[41] Zur besseren Einordnung der Situation wie sie Eisele seit 1931 als Student erlebte, sollen an dieser Stelle einige Hinter-

---

37 EM S. 56.

38 Ebd.

39 Vgl. Anm. 18.

40 BArch, B 162, LO 243.

41 Vgl. Anm. 18.

gründe ergänzt werden. In seinem Lebenslauf schrieb er über den Antritt seines Studiums:

> „Meine Eltern hatten seit ich mit Bewusstsein das Leben schaute stets in harter finanzieller Not gelebt, so daß ich zu Beginn meines Studiums im Sommer 1931 auf eigene Füße gestellt war."[42]

Mehr noch als seine Betonung der schwierigen materiellen Verhältnisse, auf die bereits eingegangen wurde, lassen sich aus dieser Schilderung Rückschlüsse auf die Wirkung ziehen, die die Aufnahme des Studiums und dessen Rahmenbedingungen auf den 19-jährigen gehabt haben mögen. Die Zahl der Studenten hatte deutschlandweit 1931 mit rund 138000 einen Höchststand erreicht.[43] In Freiburg waren zu diesem Zeitpunkt rund 4000 Studenten immatrikuliert, davon weit mehr als 1000 Mediziner.[44] Gleichzeitig war ihre Versorgungslage zum Teil äußerst prekär und ein erheblicher Prozentsatz lebte nachweislich unter dem Existenzminimum in desolaten Verhältnissen.[45] Zwar waren die studentischen Lebensbedingungen schon seit dem Kriegsende 1918 schwierig, verschlimmerten sich aber, nach einer gewissen Konsolidierungsphase, in den letzten Jahren der Weimarer Republik erneut. Zum einen waren die Studenten von den Auswirkungen der Weltwirtschaftskrise und der unruhigen politischen Situation genauso betroffen wie die Gesamtbevölkerung. Dazu kam ein offensichtlicher Mangel an vakanten Akademikerstellen, der sich im Nachhinein zwar nicht durch exakte Daten nachweisen lässt, der aber ein allgemeines Klima der Verunsicherung unter den Studenten hervorrief.[46] Neben unmittelbaren Sorgen um die berufliche Zukunft war wohl die Bestreitung des Lebensunterhalts eines der studentischen Hauptprobleme, da sich nur wenige über ihre Eltern oder durch Stipendien finanzieren konnten. Im Zusammenhang damit steht wohl auch die wachsende studentische Begeisterung für die Ideen des Nationalsozialismus, die sich etwa im Aufstieg des NSDStB manifestierte und die nicht zuletzt auf dessen antisemitische Propaganda an-

---

42 Ebd.

43 Michael Grüttner, Studenten im Dritten Reich, Berlin 1995, S. 101.

44 Claudia Eiberg et. Al., Studierende an der Medizinischen Fakultät in der Zeit des Nationalsozialismus, in: Bernd Grün et. Al. (Hg.), Medizin und Nationalsozialismus Bd. 10, Die Freiburger Medizinische Fakultät und das Klinikum in der Weimarer Republik und im „Dritten Reich", Frankfurt am Main 2002, S. 222.

45 Ebd. S.223.

46 Grüttner 1995, S. 24.

sprang.[47] Dabei soll nicht darüber hinweggesehen werden, dass auch außerhalb der nationalsozialistisch organisierten Studentenschaft antisemitische Positionen unter den Studierenden weit verbreitet waren.[48]

Im besonderen Maße trafen diese Krisenphänomene auf den Fachbereich Medizin zu, dem 1931 über 30 Prozent aller Studenten angehörten, während hier die Berufsaussichten gleichzeitig als sehr ungünstig eingestuft wurden.[49] Zudem galt die wirtschaftliche Lage der Ärzte spätestens seit 1929 als insgesamt eher schlecht. So wurden rund zehn Prozent Arbeitslosigkeit bei gleichzeitig sinkendem Durchschnittseinkommen und einem damit verbundenen Absinken des Sozialprestiges verzeichnet.[50] Warum Eisele also nach seinem Abitur den Entschluss fasste, ausgerechnet Medizin zu studieren, ist angesichts dieser Tatsachen und mangels persönlicher Aussagen dazu, nicht unbedingt nachvollziehbar. Dass er sein Studium jedoch wohl als Kampf empfand, in dem er auf sich allein gestellt war, kann als glaubhaft gelten. Zumal speziell unter den Freiburger Medizinstudenten ein Großteil der gesellschaftlichen Oberschicht angehörte und Eisele sich in dieser Hinsicht eventuell einer sozialen Diskriminierung ausgesetzt sah.[51]

In diesem Zusammenhang sollte erneut auf seinen Parteieintritt eingegangen werden, der sicher auch im Zusammenhang mit den Veränderungen stand, die sich für Medizinstudenten und Ärzte unmittelbar nach der Machtergreifung ergaben und die dementsprechend begrüßt wurden, wobei gerade Ärzte schon von Anfang an einen signifikanten Mitgliederanteil in der NSDAP stellten.[52] So waren beim Aprilboykott von 1933 nicht nur jüdische Geschäfte betroffen, auch zahlreiche jüdische

---

47 Ebd. S. 28.

48 Eduard Seidler, Die Medizinische Fakultät der Albert-Ludwigs-Universität Freiburg im Breisgau. Grundlagen und Entwicklung, Berlin/Heidelberg 1991, S. 297.

49 Ebd. S. 129.

50 Michael H. Kater, Die soziale Lage der Ärzte im NS-Staat, in: Angelika Ebbinghaus/Klaus Dörner (Hg.), Vernichten und Heilen. Der Nürnberger Ärzteprozess und seine Folgen. Berlin 2001, S. 56.

51 Eiberg 2002, S. 224. Vgl. dazu auch: Peter Thomsen, Ärzte auf dem weg ins „Dritte Reich". Studien zur Arbeitsmarktsituation, zum Selbstverständnis und zur Standespolitik der Ärzteschaft gegenüber der staatlichen Sozialversicherung während der Weimarer Republik, Husum 1996, S.42.

52 Hans Becker, Medizinstudium und deutsche Vergangenheit, in: Till Bastia/Karl Bonhoeffer (Hg.), Thema: Erinnern - Medizin und Massenvernichtung, Stuttgart 1992, S. 94.

Arztpraxen wurden von SA-Trupps blockiert. Für die Ärzteschaft war dies ein erstes viel versprechendes Zeichen, da sich in ihr als Ausdruck der oben beschriebenen ökonomischen Lage in breitem Maße Empörung über eine angebliche jüdische Dominierung der Medizin herausgebildet hatte. Die relative Überrepräsentanz von jüdischen Ärzten wurde mithin als Hauptursache der Misere benannt, so dass die antijüdischen Maßnahmen der NSDAP gerade den Jungärzten und Medizinstudenten aus sozioökonomischen Gründen sehr gelegen kamen.[53] Tatsächlich hatte das Durchschnittseinkommen der deutschen Ärzte 1933 einen Tiefstand erreichte, von dem es sich während der ersten Jahre der nationalsozialistischen Herrschsaft stetig erholte und das Vorkriegsniveau bald überflügelte.[54] Auch sonst ist die überproportional hohe Mitgliedschaft von Ärzten in NSDAP, SA und SS deutliches Zeichen der hohen Anziehungskraft, die der Nationalsozialismus auf Mediziner hatte.[55] Als Eisele 1935 sein Studium an der Freiburger Medizinischen Fakultät wieder aufnahm, fand er die Universität bereits weitestgehend von jüdischen Dozenten und Kommilitonen „gesäubert“ vor.[56] Ebenso waren die Lehrpläne im Zuge der Gleichschaltung um rassekundliche und politische Inhalte erweitert worden, was durch verpflichtende sportliche Aktivitäten zur Wehrertüchtigung der Studenten noch ergänzt wurde.[57] Es soll jedoch nicht unerwähnt bleiben, dass Rassenkunde bzw. -hygiene und ebenso Eugenik speziell in Freiburg auf eine längere Tradition zurück blicken konnten. So etwa durch das bis in die 30er Jahre reichende Wirken des Psychiaters Alfred Hoche, der 1920 zusammen mit dem Juristen Karl Binding ein Werk mit dem maßgebenden Titel „Die Freigabe der Vernichtung lebensunwerten Lebens“ verfasst hatte, eine der geistigen Grundlagen des nationalsozialistischen Euthanasieprogramms.[58]

---

53 Michael H. Kater, Ärzte als Hitlers Helfer, München 2002, S. 43. Ebenso Thomsen 1996, S. 45.

54 Ebd. S. 410.

55 Becker 1992, S. 94.

56 Davon betroffen waren im Zeitraum 1933-34 insgesamt 43 Studenten (Angabe nach Grüttner 1995, S. 504.) und 39 Fakultätsmitglieder (siehe dazu Hans-Georg Hofer, Die Freiburger Medizinische Fakultät im Nationalsozialismus, Frankfurt am Main 2003, S. 59) Ebenso Seidler 1991, S. 305 ff.

57 Eiberg 2002, S. 227. Zu den Problemen, die sich aus Sicht der neuen Machthaber dadurch allerdings auch ergaben, siehe: Kater 2002, S. 196.

58 Vgl. Seidler 1991, S. 330. Das Werk von Binding und Hoche kann online eingesehen werden unter: http://staff-www.uni-marburg.de/~rohrmann/-Literatur/binding.html (Zugriff am 06. 06. 2005).

Eiseles Hinwendung zum Nationalsozialismus, womit die Weichen für seinen späteren Karriereverlauf gestellt wurden, steht also offenbar in unmittelbarem Zusammenhang mit verschiedenen Krisenfaktoren. Die allgemein schwierigen Bedingungen des Studiums in einem zunehmend radikalisierten studentischen Milieu wurden kombiniert mit der spezifisch antisemitischen Haltung der Mediziner. Dazu kamen unklare Berufs- und Zukunftsaussichten, die noch durch die persönliche Krise im Zusammenhang mit der Erkrankung und dem Tod des Vaters verstärkt wurden, während die NSDAP gleichzeitig deutliche Signale für eine Besserung der Lage der Ärzteschaft setzte. Angesichts der Quellenlage sind dies die einzigen Gründe für Eiseles Eintritt in Partei und SS, die mit einiger Wahrscheinlichkeit angenommen werden können. Inhaltliche Übereinstimmung mit der nationalsozialistischen Ideologie können hier zwar unterstellt, aber nicht nachgewiesen werden. Gleichzeitig muss angemerkt werden, dass nach 1933 zwar ein Großteil der approbierten Ärzte der NSDAP beitrat (annähernd 50 Prozent), jedoch nur gut 28 Prozent der Medizinstudenten.[59] Insofern kann man Eiseles Eintritt in die Partei nicht unbedingt nur im Zusammenhang mit einem absoluten Massenphänomen sehen. Abgesehen von der oben erwähnten Tätigkeit als stellvertretender Studentenführer scheint er sich jedoch weder in Partei noch in der SS weiter engagiert zu haben. Bei Kriegsende zumindest hatte er in der Allgemeinen SS lediglich den Rang eines SS-Mannes erreicht.[60] Der restliche Verlauf seines Studiums scheint ohne weitere Beeinträchtigungen gewesen zu sein.

2.3 Familiengründung

Unmittelbar nach Beendigung des Studiums im Herbst 1939, noch bevor seine Approbation als Arzt bewilligt wurde, beschließt Eisele die ebenfalls aus Donaueschingen stammende Hedwig Schelble zu heiraten. Es ist anzunehmen, dass er die gleichaltrige Tochter eines Hut- und Schuhhändlers schon seit seiner Kindheit kannte. Die 27-Jährige mit kaufmännischer Ausbildung ist zu dem Zeitpunkt überwiegend im Geschäft des Vaters behilflich, nachdem sie für ein halbes Jahr als Sekretärin im Büro des Freiburger Studentenführers also in unmittelbarer Nähe zu Eisele tätig war.[61] In den Leumundszeugnissen, die Eisele für seine Braut beim Rasse- und Siedlungshauptamt einreichte, wird sie mit den üblichen

59 Kater 2002, S. 271.

60 EM S. 56.

61 BArch (ehem. BDC) BO 160, Bl. 1319.

Floskeln als *„sehr zuverlässig, häuslich, sparsam, kinderlieb"* etc. beschrieben. Nach dem frühen Tod der Mutter habe Hedwig Aufgaben im Geschäft übernehmen und sich gleichzeitig noch um ihre jüngeren Geschwister kümmern müssen. Somit werde sie eine *„würdige Braut für einen SS-Mann und eine gute Mutter abgeben"*.[62] Daneben findet sich die geschönt anmutende Formulierung, ihre Familie wie auch sie selbst, hätten schon frühzeitig mit der NSDAP sympathisiert, dies jedoch aus Furcht vor Geschäftsboykott nicht öffentlich tun können.[63] Sie sei zwar kein Parteimitglied, engagiere sich jedoch ehrenamtlich im Reichsluftschutzbund. Die Umstände der Eheschließung erscheinen von Hektik geprägt, da Eisele, in Anbetracht des Krieges, mit seiner bevorstehenden Einberufung gerechnet haben mag. So konnte offenbar nicht die vorgeschriebene Untersuchung der Braut durch einen SS-Arzt durchgeführt werden, was Eisele kurzerhand mittels einer selbst verfassten Erklärung auf Grund seiner eigenen ärztlichen Urteilsfähigkeit ersetzte.[64] Da die Ehe am 15. November 1939 dann tatsächlich geschlossen werden konnte, gab es wohl keine Einwände aus dem RuSHA. Aus diesen Unterlagen geht auch hervor, dass das Paar darauf verzichtete, ein Ehestandsdarlehen zu beantragen, worauf durchaus ein Anrecht bestanden hätte.[65] Dieser Umstand legt nahe, dass die beiden zu diesem Zeitpunkt wohl ohne größere finanzielle Sorgen waren, zumal Hedwig Eisele bald nach der Eheschließung schwanger wurde und im Oktober des folgenden Jahres die Tochter Sieglinde zur Welt brachte. Möglicherweise hängt dies mit der deutlichen Besserung der Lage der Ärzteschaft gegen Ende der dreißiger Jahre zusammen. So hatten etwa die systematische Verdrängung der jüdischen Ärzte und der Bevölkerungszuwachs durch die Annexionen zu einem Ärztemangel geführt, was auch dem jungen Ehepaar Eisele gute Zukunftsaussichten verhieß.[66]

Diese Verbindung Eiseles zu einer Frau, die sowohl aus der gleichen Stadt wie er, als auch in etwa aus der gleichen Schicht stammte, in denen sie mit ähnlich schwierigen Umständen konfrontiert war, und die wie er katholisch war, zeugt von einer starken Verhaftung in seinem ursprünglichen Milieu. Er bewegte sich in einem relativ engen sozialen und regi-

---

62 Ebd.

63 Ebd. 1318

64 Ebd. 1317.

65 Zu den Konditionen des Ehestandsdarlehens: Gabriele Czarnowski, Das kontrollierte Paar. Ehe- und Sexualpolitik im Nationalsozialismus, Weinheim 1991, S. 104.

66 Kater 2001, S. 60.

onalen Radius, war stark an seinen Heimatort gebunden und durch seine Nebentätigkeit als Landschaftsmaler auch dem väterlichen Gewerbe verpflichtet. Leider liegen über die Beziehung zu seiner Frau praktisch keine weiteren Äußerungen vor, so dass in diesem Fall nur wenige Schlüsse gezogen werden können. Dennoch ist die Familie im Rahmen einer biographisch orientierten Täterforschung als wichtiger Bezugspunkt anzusehen und sollte daher entsprechende Berücksichtigung finden.[67] So weit sich dies beurteilen lässt, verhielt Hedwig Eisele sich auch nach dem Krieg und der späteren Flucht aus der Bundesrepublik stets loyal zu ihrem Mann und kehrte erst nach seinem Tod 1967 nach Deutschland zurück wo sie unter ihrem Mädchennamen in Freiburg lebte.[68]

---

67 Tom Segev, Die Soldaten des Bösen. Zur Geschichte der KZ-Kommandanten, Reinbek bei Hamburg 1992, S. 100.

68 BArch B 162 AR 924/67 Bl. 214 f.

3 - SS-Arzt. Eiseles Karriere im Lauf des Krieges

3.1 Auf dem Weg ins Lager

Nach seinem Staatsexamen, im Herbst 1938, ist Hanns Eisele ein knappes Jahr als Medizinalpraktikant an der „Psychiatrischen und Nervenklinik der Universität Freiburg" beschäftigt. Über seine weiteren Stationen gibt seine Karteikarte aus der Reichsärztekammer Auskunft. Demnach erfolgte seine Bestallung als Hilfskassenarzt am 1. September 1939. Bis Januar 1940 ist er dann Assistenzarzt, kurz darauf sogar stellvertretender Chefarzt auf der psychiatrischen und neurologischen Abteilung des Landhospitals Sigmaringen. Er wurde offenbar auch kurzfristig in eine Privatpraxis nach Konstanz beordert.[69] In diesem Zeitraum finden in Sigmaringen nachweislich Zwangssterilisationen statt. Auch Vorbereitungen zur „Euthanasie" werden bereits getroffen, woraufhin im Dezember 1940 erstmals Patienten aus Sigmaringen deportiert und ermordet werden.[70] Eine wie auch immer geartete Beteiligung Eiseles ist wohl nicht nachweisbar, es muss allerdings als sehr wahrscheinlich gelten, dass er zumindest Kenntnis von den Vorbereitungen erhalten hat. Laut eigenen Angaben erfolgte am 15. Januar 1940 seine Einberufung zur Waffen-SS.[71] Er vermittelt hierbei bewusst den Eindruck einer Zwangsmaßnahme, auf die er keinen Einfluss habe ausüben können. Tatsächlich wurde in dieser Phase der massenhaften Rekrutierung wohl Druck auf Angehörige der Allgemeinen-SS ausgeübt, sich freiwillig zur Waffen-SS zu melden, von Zwangsrekrutierung kann dennoch noch keine Rede sein.[72] Durch seine Aussage könnte er versucht haben, über einen eventuell freiwilligen Beitritt hinwegzutäuschen. Über die genaueren Umstände der weiteren Ausbildung von Ärzten innerhalb der Waffen-SS ist wenig Konkretes bekannt, somit bleiben an dieser Stelle nur Eiseles ei-

---

69 BArch (ehm. BDC), SSO, Eisele, Hanns, 13. 03. 1912, RÄK.

70 Siehe dazu: Gabriel Richter, Die psychiatrische Abteilung des Fürst Carl Landeskrankenhauses in Sigmaringen im „Dritten Reich", in: Zeitschrift für Hohenzollerische Geschichte, Bd. 30/31,Sigmaringen 1994 /1995, S. 241-282.

71 EM S. 56. Seit Kriegsbeginn expandierten die bewaffneten Teile der SS explosionsartig und rekrutierten daher in großer Zahl Mitglieder der Allgemeinen SS. Vgl. dazu: Bernd Wegner, Hitlers Politische Soldaten: Die Waffen-SS 1933-1945, Paderborn 1982, S. 125. Ebenso George H. Stein, Geschichte der Waffen-SS, Düsseldorf 1967, S. 39.

72 Martin Cüppers, Wegbereiter der Shoah. Die Waffen-SS, der Kommandostab Reichsführer-SS und die Judenvernichtung 1939-1945, Darmstadt 2005, S. 86.

gene Aussagen.[73] So habe er zuerst eine militärische Ausbildung in München gemacht, wo er anschließend bis Ende Juni Assistenztruppenarzt gewesen sei. Anschließend sei er als leitender Offizier eines Reservebataillons zum SS-Lazarett in Prag versetzt worden.[74] Seiner SS-Karteikarte ist zu entnehmen, dass er am 20. April 1940 als Untersturmführer beim Sanitäts-Ersatzbataillon der SS-Verfügungstruppe geführt wurde und dann ab dem 25. September in Prag stationiert war.

3.2 Mauthausen

Für die Zeit vorher, vom 12. August bis zum 25. September ist offiziell der Dienstort „KL. Mauthausen" angegeben. In seiner Aussage im Dachauer Prozess verschweigt er dies, obwohl er in seiner ersten Befragung im amerikanischen Internierungslager Dachau durch den chief interrogator Paul Guth, sehr wohl zugab, *„während August 1940 für einige Tage als Arzt im KZ Mauthausen tätig"* gewesen zu sein.[75] In seinem Memorandum widmet er diesem Aufenthalt einen kurzen Abschnitt, in dem er behauptet, das Lager nach drei Tagen, *„unter dem schrecklichen Eindruck dessen, was ich dort gesehen hatte"*, in Zivilkleidung und ohne Erlaubnis wieder verlassen zu haben und zu seiner Einheit nach Prag zurückgekehrt zu sein. Der Fürsprache seines Kommandeurs und eines Kameraden beim Sanitäts-Hauptamt der Waffen-SS in Oranienburg habe er es zu verdanken, nicht vor ein Kriegsgericht gekommen zu sein. Überdies habe er einen Bericht über die Zustände in Mauthausen ans Sanitäts-Hauptamt geschickt, weswegen er im Oktober des Jahres nach Berlin bestellt wurde, um dort vor einem führenden SS-Offizier in dessen Privatwohnung auszusagen.[76] Seine Aufenthaltszeit in Mauthausen weist hier gemäß seiner Aussage eine Differenz von über einem Monat zum amtlich vermerkten Zeitraum auf.

Welche Zustände es nun im Einzelnen waren, die ihn so schockierten, kann aus seiner Aussage heraus nicht rekonstruiert werden. Auch aus der vorhandenen Literatur zur Geschichte des KZ Mauthausen lassen sich nur ungefähre Rückschlüsse ziehen, da eine aktuelle und übergrei-

---

73 Siehe dazu: Barbara Bromberger/Hans Mausbach, Die Tätigkeit von Ärzten in der SS und in Konzentrationslagern, in: dies., Medizin, Faschismus und Widerstand, Köln 1985, S. 212 ff.

74 Vgl. Anm. 34.

75 BArch B 162 AR-Z 105/76, Bl. 99 (Aussage vor Paul Guth).

76 EM S. 46.

fende Gesamtdarstellung fehlt.[77] In Mauthausen, von der SS als Lager der Stufe III klassifiziert, herrschten besonders harte Haftbedingungen. Insbesondere der Steinbruch, in dem zahlreiche der rund 3000 Häftlinge, die 1940 durchschnittlich im Hauptlager waren, zur Arbeit gezwungen wurden, ist zum Symbol für die menschenverachtenden Lebensbedingungen geworden.[78] Mehr als 2000 Menschen fanden allein in diesem Jahr den Tod in Mauthausen.[79] Es ist also durchaus vorstellbar, dass diese erste Konfrontation mit der brutalen Wirklichkeit der SS-Herrschaft bei dem 27-jährigen schockähnliche Reaktionen auslöste. Was Eiseles Sonderrolle als Mediziner betrifft, so wurde er in Mauthausen mit hoher Wahrscheinlichkeit mit Ärzten konfrontiert, die zur Erweiterung ihrer chirurgischen Kenntnisse Versuchsoperationen an Häftlingen durchführten. Auch war es spätestens seit 1941 gängige Praxis, arbeitsunfähige Häftlinge auf der Krankenstation mit Injektionen zu ermorden, eventuell wurden solche „Abspritzungen" aber auch bereits während Eiseles kurzem Aufenthalt durchgeführt.[80]

Diese Episode ist auf Grund der Quellenlage kaum zu bewerten, die einzige sichere Tatsache ist, dass Eisele im Sommer 1940 tatsächlich als Arzt ins KZ Mauthausen beordert wurde. Laut eigener Angabe sei er nach drei Tagen bereits von dort „geflüchtet", in seiner Karteikarte dauert die Stationierung allerdings exakt 44 Tage. Seiner Aussage nach ist er aus Mauthausen zu seiner Einheit nach Prag zurück gekehrt, offiziell wird er am 25. September überhaupt erst nach Prag versetzt. Zur Überprüfung dieser widersprüchlichen Angaben liegen leider keine parallelen Quellen vor, so dass sowohl eine Falschaussage Eiseles, wie auch ein ungenauer Eintrag in der SS-Kartei möglich ist. Sicherlich ist es fraglich, ob ein unerlaubtes Entfernen vom Einsatzort also potenzielle Fahnenflucht, nicht zwangsläufig schärfer verfolgt worden wäre. Aber nach allem, was über die innerhalb der SS herrschende Atmosphäre von Kameraderie bekannt ist, erscheint es durchaus plausibel, dass selbst eine

---

77 Es sei hier exemplarisch auf die Dokumentation im Auftrag der Österreichischen Lagergemeinschaft Mauthausen verwiesen: Hans Maršálek (Hg.) Die Geschichte des Konzentrationslagers Mauthausen, Wien 1980 sowie auf den Beitrag von Michel Fabréguet, Entwicklung und Veränderung der Funktionen des Konzentrationslagers Mauthausen 1938 - 1945, in: Ulrich Herbert/Karin Orth/Christoph Diekmann (Hg.), Die Nationalsozialistischen Konzentrationslager. Entwicklung und Struktur. Bd. 1, Göttingen 1998, S. 193-214.

78 Maršálek 1980, S. 132.

79 Ebd. S. 156.

80 Ebd. S. S. 185–191.

eklatante Pflichtverletzung auch außerhalb des offiziellen Dienstweges geregelt werden konnte.[81] Zumindest ist außer einem Tag „verschärfter Stubenarrest" kein negativer Vermerk in seiner Akte eingetragen. Umgekehrt musste eine solche Flucht im Angesicht eines KZ vor dem SS-eigenen Ideal der Härte als offenes Eingeständnis von Feigheit und Schwäche erscheinen.[82] Schenkt man also Eiseles eigener Darstellung Glauben und er war von der ersten Konfrontation mit einem KZ so verstört, dass er das Risiko einging vor ein Militärgericht gestellt zu werden, so ist man mit seiner anschließenden völlig emotionslosen Schilderung seiner Versetzung in ein weiteres KZ nur wenige Monate nach dem angeblich traumatischen Erlebnis in Mauthausen, vor ein Rätsel gestellt. Vielleicht handelt es sich in der Tat um eine Falschaussage und Eisele hielt sich in Wahrheit über einen Monat in Mauthausen auf.

3.3 Buchenwald

Er schreibt: „*Zu Beginn des Februar 1941 wurde ich in das Lager Buchenwald versetzt.*"[83] Diese Angabe widerspricht erneut dem Aktenvermerk, dem zu Folge sein Dienstantritt in Buchenwald auf den 8. Januar fällt.[84]

Weiter geht daraus nichts über die näheren Umstände dieser Versetzung hervor. Vielleicht sollte Eisele nach seinem „Versagen" in Mauthausen eine weitere Chance gegeben werden, die Vorstellungen der SS zu erfüllen und seine persönliche Härte unter Beweis zu stellen. Zudem bietet sich bei der oben angesprochenen, scheinbaren Emotionslosigkeit, mit

---

81 Zu den SS-spezifischen Dienststrukturen und deren teils auf durchaus antimilitärischen Wertvorstellungen siehe: Wolfgang Sofsky, Die Ordnung des Terrors: Das Konzentrationslager, Frankfurt am Main 1999, S. 122. Dass im Übrigen die SS-Gerichtsbarkeit weit weniger streng war als man annehmen könnte, hat Knut Hinrichsen überzeugend nachgewiesen, in: ders. „Befehlsnotstand", in: Adalbert Rückerl (Hg.) NS-Prozesse - Nach 25 Jahren Strafverfolgung: Möglichkeiten - Grenzen - Ergebnisse, Karlsruhe 1971, S. 145.

82 Vgl. dazu bereits: Hans Buchheim et. Al. (Hg.), Anatomie des SS-Staates, Bd. 1, Hans Buchheim, Die SS - Das Herrschaftsinstrument, München 1982, S. 295. Ebenso Tom Segev, Die Soldaten des Bösen. Zur Geschichte der KZ-Kommandanten, Reinbek bei Hamburg 1992, S.106 sowie Wegner 1982, S. 51.

83 EM S. 46.

84 Im Jahr 1952 wurde Eisele als Zeuge in einem Verfahren gegen einen ehemaligen Angehörigen der Wachmannschaft des KZ Buchenwald befragt. Dort gab er sogar an, nur zwei Monate, von Juni bis August in Buchenwald gewesen zu sein. Siehe: Hessisches Staatsarchiv Marburg, Best 274, Kassel Acc. 1987/51, Bd. 7, Bl. 95. Dies würde zumindest für die These sprechen, dass Eisele durchaus bereit war, falsche Angaben zu machen.

der Eisele seine zweite Entsendung in ein KZ im Nachhinein beschreibt, eine Anschlussmöglichkeit an die von Browning formulierte Abstumpfungstheorie.[85] Dieser zu Folge könnte seine Emotionslosigkeit aus der Überwindung der ersten traumatisierenden Erfahrung und einer sich anschließenden Anpassung seiner Persönlichkeit an die Erfordernisse des Lageralltags resultieren, in denen er dadurch seiner vorgesehenen Rolle entsprechend, funktionieren konnte.

Zu seinem Aufenthalt in Buchenwald besteht mit Abstand die beste Quellensituation, sowohl durch seine eigenen, relativ ausführlichen Schilderungen, als auch durch eine Vielzahl unterschiedlicher Aussagen ehemaliger Häftlinge. Mit der oben zitierten Passage aus Eugen Kogons „SS-Staat" ist bereits der zentrale Eisele vorgeworfene Verbrechenskomplex, grob zusammengefasst worden.

Die Vorwürfe bestanden darin, Eisele habe als verantwortlicher Lagerarzt einerseits willkürliche Operationen an Häftlingen durchgeführt, wodurch diese verstümmelt wurden oder starben. Desweiteren habe er, je nach Laune und aus persönlicher Abneigung heraus, Häftlinge aufs „Revier" beordert und sie dort mit Injektionen gefoltert oder getötet. Als schwerster Anklagepunkt wurde ihm die Ermordung mehrerer hundert Tuberkulosekranker ebenfalls durch Injektionen, vorgeworfen. Dies wurde neben der Erwähnung durch Kogon auch durch die Aussagen zahlreicher Häftlinge vor dem amerikanischen Militärgericht im Dachau während des Buchenwald-Prozesses vorgetragen.

Eisele selbst baut nun seine Verteidigung gegen diese Vorwürfe sehr systematisch auf. Einleitend schreibt er in seiner Schilderung zum Thema Buchenwald, er sei als Truppenarzt ausschließlich für die Behandlung der SS-Leute und deren Angehörigen zuständig gewesen. Sein Arbeitsplatz und seine Wohnung haben sich im Truppenhospital befunden und mit Häftlingen sei er nicht vor Ende Juni in Kontakt gekommen, da das Truppenhospital ziemlich weit vom Lager entfernt sei.[86] Nach einer Besichtigung vor Ort sowie durch Ansicht des Lageplans der Gebäudekomplexe von Buchenwald, erscheint diese Aussage sehr fraglich. Das Truppenrevier war nicht mehr als 150 Meter vom eigentlichen Lager entfernt und lag zudem in unmittelbarer Nähe des Weges, den die Häftlingskommandos benutzten, die im Lagersteinbruch zur Arbeit gezwungen wurden. Eiseles impliziter Aussage während des Großteils seiner Zeit in Buchenwald nicht viel vom Geschehen mitbekommen zu haben,

85 Browning 1999, S. 113.

86 EM S. 6.

kann also nur sehr bedingt gefolgt werden. Anschließend geht er auf die anderen ihm zum Teil vorgesetzten Ärzte ein, die zu dem Zeitpunkt in Buchenwald Dienst taten. Sein unmittelbarer Vorgesetzter war Waldemar Hoven, der im Nürnberger Ärzteprozess zum Tode verurteilt worden ist und der ebenfalls in Freiburg studiert hatte und Eisele von daher namentlich bekannt war. Hoven hatte zu diesem Zeitpunkt die Position des 1. Lagerarztes inne.[87] Eisele bescheinigt ihm einen *„innigen Zusammenhang"* mit dem damaligen Kommandanten Karl Koch und gleichzeitig *„absolute ärztliche Unfähigkeit"*.[88] Diese Beobachtung verweist zu Recht auf die teilweise chaotischen und, selbst nach SS-Maßstäben, kriminellen Zustände unter dem korrupten Regime Kochs, die hier nicht im Einzelnen wiedergegeben werden können.[89]

Somit beginnt Eisele hier mit einer in NS-Prozessen immer wieder auftauchenden Verteidigungsstrategie. Er behauptet anfänglich nichts mitbekommen zu haben und spielt dabei gleichzeitig auf die schuldhaften Verstrickungen der Anderen an. So weist er in diesem Zusammenhang auch auf die dubiosen Operationen seiner Amtskollegen Jung und Blanke hin, von denen er in Tischgesprächen erfahren habe. Ansonsten beschreibt er seine Stellung als *„isoliert"* auch aus dem eigenen Widerwillen heraus, mit den anderen Ärzten und SS-Leuten mehr Kontakt als nötig zu pflegen. Statt dessen habe er sich mit *„privaten Studien"* und *„künstlerischen Arbeiten"* beschäftigt.[90] Somit spricht er sich innerhalb der Gruppe der Lagerärzte, die aus verschiedenen Gründen bereits ihrerseits eine Sonderstellung innerhalb der Konzentrationslager-SS einnahmen, die Rolle des Außenseiters zu.[91]

Es folgt ein umfangreiches Kapitel, das Eisele bewusst offensiv mit *„Der Kampf"* betitelt.[92] Darin beschreibt er seinen ersten Einsatz im Häftlingskrankenbau, der um den 18. Juni 1941 stattgefunden habe und der lediglich aus einer Notsituation heraus entstanden sei. Die Verantwortung für das „Revier" hatte der eigentlich zuständige Dr. Hoven wohl weitge-

---

87 Gedenkstätte Buchenwald (Hg.), Konzentrationslager Buchenwald 1937-1945. Begleitband zur ständigen Ausstellung, Göttingen 1999, S. 308.

88 EM S. 7. Angesichts der Tatsache, dass Hovens Dissertation zum Großteil von Häftlingen verfasst wurde, ist diese Feststellung wohl nicht als reine Kollegenschelte zu werten.

89 Vgl. dazu Gedenkstätte Buchenwald 1999, S. 41f.

90 EM S. 7.

91 Zu dieser Sonderstellung der Ärzte siehe: Orth 2004, S. 61.

92 EM S. 8.

hend an den Kapo Walter Krämer abgegeben, der als medizinischer Autodidakt selbst anspruchsvollere Operationen durchführte.[93] Dieser habe zu diesem Zeitpunkt wegen einer Handverletzung nicht operieren können, weshalb die Bitte an Eisele ergangen sei, einen akuten Notfall zu behandeln. Dies sei ihm mit Erfolg gelungen, obwohl Eisele wie er selbst betont kein ausgebildeter Chirurg war. Wie oben bereits erwähnt, war er nach seinem Studium überwiegend auf psychiatrischen Stationen tätig, lieferte aber im Dachau-Prozess eine diesbezüglich widersprüchliche Aussage. So sagte er in seiner Befragung durch die Verteidigung aus, er habe seine chirurgische Ausbildung nicht beendet und sei dennoch als Truppenarzt in Buchenwald in den letzten zwei Wochen seines Aufenthaltes dort häufig zu Notoperationen in Häftlingslager gerufen worden. Unmittelbar darauf behauptete er im Kreuzverhör des Anklägers, er verfüge über rund 20 Monate chirurgische Ausbildung und habe während sechs oder acht Wochen im Lager Operationen vorgenommen.[94]

Nach seiner ersten erfolgreichen Operation erhielt Eisele von seinem Vorgesetzen Hoven den Befehl Krämer bis auf Weiteres zu vertreten, sich aber ansonsten dessen Anweisungen zu fügen. Diese, von ihm ganz offensichtlich als Skandal empfunden Regelung, beruhte auf den in Buchenwald herrschenden und schwer rekonstruierbaren Verflechtungen zwischen Teilen der SS und der „illegalen Lagerleitung", einem Netzwerk politischer Häftlinge, das durch die Einnahme von Schlüsselfunktionen innerhalb der Lagerhierarchie eine gewisse Autonomie erreicht hatten.[95] Der von Primo Levi geprägte Begriff der „Grauzone", als Beschreibung für die absurde Wirklichkeit der Lager mit ihren schwer zu durchschauenden Beziehungen zwischen SS und Häftlingen, ihrer Aufhebung der klaren Abgrenzung von Täter und Opfer und der brutalen Dissoziation der Häftlingsgesellschaft beim Kampf ums Überleben

---

93 Eine zusammenfassende Darstellung zur Person Walter Krämers und seinem Wirken findet sich in: Bodo Ritscher/Anton Hermann, Walter Krämer - Ein Arzt für die Häftlinge, (Buchenwald-Heft 17), Weimar 1983.

94 BArch B 162, LO 243

95 Diese Untergrundtätigkeit der „Roten" wurde durch die DDR-Geschichtsschreibung weitgehend verklärt dargestellt. Durch neuere Forschungen und Darstellungen zeigt sich ein bedeutend differenzierteres Bild der „Illegalen Lagerleitung". Siehe dazu v. A. Lutz Niethammer (Hg.), Der „gesäuberte" Antifaschismus. Die SED und die roten Kapos von Buchenwald, Berlin 1994. Zur Genese dieser besonderen Situation und dem damit verbundenen „Häftlingskrieg": Gedenkstätte Buchenwald 1999, S. 100. Ebenso bei: Jorge Semprun, Was für ein schöner Sonntag!, München 2004.

scheint hierfür vielleicht eine angemessene Beschreibung.[96] Gerade Waldemar Hoven dürfte hier besonders stark involviert gewesen sein, wie auch aus seiner eigenen Aussage vor amerikanischen Ermittlern hervorgeht. Dort gab er zu, auf „Bitten" von Häftlingen hin, unliebsame Mitgefangene per Injektion ermordet zu haben.[97]

Gemäß Eiseles Aufzeichnungen entwickelten sich die nun folgenden Wochen, in denen er täglich im Lagerhospital zu tun hatte zu einer verwirrenden und demütigenden Erfahrung. So habe er auf dem Revier nichts gegen Krämer und dessen teils rabiates Verhalten angeblichen Simulanten und *„hoffnungslosen Fällen"* gegenüber unternehmen können, da all seine Interventionen bei Hoven an dessen offenkundigem Desinteresse gescheitert seien. Umgekehrt sei er von diesem sogar noch ermahnt worden, die Bedingungen des Lagers zu akzeptieren. Seiner Darstellung nach habe er sich bei all seinem Tun darum bemüht, *„Hilfsbereitschaft und Nächstenliebe"* als maßgebliche Konstanten der Krankenversorgung in Buchenwald durchzusetzen. Mit dieser Einstellung sei er von Kommandant Koch als *„zu weich und zu bürgerlich"* beschimpft worden, Walter Krämer habe ihm diesbezüglich *„Gefühlsduselei"* vorgeworfen.[98]

Dennoch sei es ihm auf Grund seines unermüdlichen Einsatzes geglückt, einen Ausbau des Häftlingskrankenbaus zu erwirken. Gleichzeitig habe er sich durch Einkauf von Medikamenten aus seinen privaten Mittel auch uneigennützig für die Situation der Häftlinge engagiert.[99] Für diese Behauptung könnte Eiseles gute Bekanntschaft mit dem Weimarer Apotheker Otto Müller sprechen, der nach eigenem Bekunden häufigen Kontakt zu ihm hatte.[100] Dieses Engagement habe ihn allerdings erneut in Konflikt mit Walter Krämer und dessen Kameraden gebracht. Krämer habe seine Genossen bewusst künstlich lange auf dem Revier behalten, um sie in den Genuss von Sonderrationen und besserer Unterbringung

---

96 Primo Levi, Die Untergegangenen und die Geretteten, München 1993, S. 45. Vgl. auch: Lutz Niethammer, Häftlinge und Häftlingsgruppen im Lager. Kommentierende Bemerkungen, in: Herbert/Orth/Diekmann 1998, S. 1046-1063.

97 BArch B 162, AR 1463/1965, Bd. I, Bl. 8.

98 EM S. 12.

99 EM S.14.

100 Jens Schley, Nachbar Buchenwald. Die Stadt Weimar und ihr Konzentrationslager 1937-1945, Köln 1999, S. 95.

kommen zu lassen. Er hingegen habe sie so bald wie möglich wieder entlassen, um Platz für die wirklich ernsten Fälle zu schaffen.[101]

Folgt man so weit Eiseles Schilderung, so erhält man ein Bild von der Situation in Buchewald, das in vielen Punkten durchaus dem aktuellen Forschungsstand entspricht. Die organisierten kommunistischen Häftlinge verfügten tatsächlich, zumindest in Buchenwald, über einen gewissen Einfluss, der ihnen die Möglichkeit bot, sich und ihren Parteigenossen einige überlebenswichtige Privilegien zu sichern. Dass damit eine große Ambivalenz einherging, wird gerade am Beispiel Walter Krämer deutlich. So berichtet Eisele wiederholt, dass er zum Teil schwerstkranke Häftlinge aus dem Revier hinausgeprügelt habe, um Platz für seine Genossen zu schaffen. Was für die einen somit Rettung bedeutete, war für andere, nicht zur eigenen Fraktion gehörenden Häftlinge, das Todesurteil.

In Eiseles Darstellung verzerrt sich hier allerdings das Bild zu einer antikommunistischen Hetze. Gleich zu Beginn seines Memorandums bezeichnet er sich als *„Anti-Bolschewist"*, wobei er hier vielleicht auch bereits die Zeichen der Zeit im heraufziehenden Kalten Krieg erkannt hatte.[102] Seiner Schilderung nach war seine Arbeit in Buchenwald in erster Linie ein Kampf gegen die Machenschaften einer kommunistischen Clique und deren Helfer innerhalb der SS. Dabei entsteht das Bild einer übermächtigen Geheimorganisation, die im Lager nach Belieben agieren habe können. Er übersieht jedoch die Tatsache, dass die Häftlingsselbstverwaltung eben nur so viel Spielraum hatte wie ihr die SS im eigenen Interesse überließ und dass jede ihrer Aktionen ein potenzielles Risiko darstellte.[103]

Auch dafür kann Walter Krämer wieder als Beispiel dienen, der im November 1941 offenbar seinen Kredit bei der SS verspielt hatte und im Außenlager Goslar ermordet wurde.[104] Eiseles solchermaßen vorgebrachte Darstellung der eigenen begrenzten Möglichkeiten angesichts der tatsächlichen Macht der anderen, ist eine auf die schwer zu durchschauenden inneren Strukturen der Lagergesellschaft immer wieder vorgebrachte Schutzbehauptung.[105] Glaubhaft und teilweise auch nachweisbar

---

101 EM S. 15.

102 EM S. 1.

103 Kurt Pätzold, Häftlingsgesellschaft, in: Benz/Distel (Hg.) 2005, S. 112.

104 Gedenkstätte Buchenwald 1999, S. 300.

105 Vgl. dazu: Rudolf Höß, Kommandant in Auschwitz. Autobiographische Aufzeichnungen, Stuttgart 1958, S. 90. Höß stellt an dieser Stelle die Machtver-

ist die Tatsache, dass es unter den Häftlingen zu Machtkämpfen kam, die mit rücksichtsloser Brutalität geführt wurden und in die die SS etwa in Gestalt des korrupten Dr. Hoven, der für die Kommunisten unliebsame Personen ermordete, teilweise verwickelt war.[106] Dass diese Zustände ein bewusst intendiertes Element der KZ-Ordnung waren, die die sukzessive Beteiligung von Häftlingen am SS-Terror und deren Dissoziation anstrebte und nicht der originären Bösartigkeit der Kommunisten entstammten, lässt sich Eiseles Schilderung nicht entnehmen. Er verstand es jedoch sehr geschickt, aus einer vordergründig schlüssigen Situationsbeschreibung eine Stilisierung seiner Person als Idealist und Kämpfer für menschliche Bedingungen in einer brutalen und in jeder Beziehung feindlichen Umgebung zu entwickeln.

Am 20. Juli habe er dann von Koch den Befehl erhalten, alle an Tbc erkrankten Häftlinge festzustellen. Diesen Befehl habe er weisungsgemäß ausgeführt und anschließend geeignete Behandlungsmaßnahmen vorgeschlagen. Infolgedessen seien die Tuberkulosekranken in eine gesonderte Baracke verlegt worden und nach seinen Vorschlägen von ihm persönlich behandelt worden. Anfang August habe Koch ihm dann auf höheren Befehl hin mitgeteilt, diese Häftlinge seien einer Sonderbehandlung zu unterziehen. Da er mit dem Begriff nichts habe anfangen können, habe Koch ihn sichtlich gereizt darüber aufgeklärt, dass damit die Ermordung der Kranken *„mit Hilfe medizinischer Maßnahmen"* gemeint sei.[107] Er habe sich kategorisch geweigert, diesem Befehl Folge zu leisten, es sei darüber zum Streit gekommen und Koch habe ihn anschließend bedroht und massiv unter Druck gesetzt. Er sei jedoch bei seiner Weigerung geblieben und habe gleichzeitig einen Bericht an das Sanitäts-Hauptamt verfasst. Nur wenige Tage später, sei er dann, nachdem er durch einen Häftling von der mittlerweile erfolgenden systematischen Ermordung der Tbc-Kranken erfahren habe, nach Rotau im Elsass, versetzt worden, um dort u. a. die medizinische Betreuung des benachbarten KZ Natzweiler-Struthof zu übernehmen. Buchenwald habe er am 16. August 1941 verlassen. Dem widersprechen jedoch die Eintragungen im Dienstbuch der

---

hältnisse im Lager derart dar, dass der Einfluss des Kommandanten unter dem des Schutzhaftlagerführers stehe, auf den er nur bedingt Einfluss ausüben könne.

106 Vertiefend dazu: Karin Hartewig, Wolf unter Wölfen? Die prekäre Macht der kommunistischen Kapos im Konzentrationslager Buchenwald, in: Herbert/Orth/Diekmann 1998 Bd. 2, S. 944 ff.

107 EM S. 18.

Lagerärzte, laut denen Eisele noch bis zum 17. September in Buchenwald blieb.[108]

3.4 Natzweiler

In der Nähe des elsässischen Ortes Natzweiler wurde seit September 1940 ein Lager errichtet, dessen Insassen die nahe gelegenen Granitvorkommen abbauen sollten.[109] Es wurde zuerst als Außenlager des KZ Sachsenhausen geführt und Mitte 1941 in den Rang eines eigenständigen Konzentrationslagers erhoben. Eisele erreichte das Lager also zu einem Zeitpunkt, als die Aufbauarbeiten im Wesentlichen abgeschlossen waren, und die zu dem Zeitpunkt dort untergebrachten Häftlinge hauptsächlich für die Deutsche Erd- und Steinwerke GmbH den seltenen roten Granit abbauten.[110] Auch hier deckt sich Eiseles Schilderung der von ihm angetroffenen Zustände - *„sanitäre und medizinische Einrichtungen waren mehr als primitiv", „Schindereien und Misshandlungen in zunehmendem Maße"*[111] - mit den bislang über Natzweiler-Struthof bekannten Fakten. Allerdings nimmt er für sich selbst gleich mehrere Verdienste in Anspruch, die sich nicht belegen lassen. So habe er nicht nur die Behandlungs- und Krankenräume besser ausstatten lassen, für bessere Verpflegung und fähiges Personal gesorgt, er habe überdies durch persönliche Intervention die Ablösung des damaligen Kommandanten Josef Kramer veranlasst, der sich besonders grausam und unmenschlich verhalten habe.[112] Auch wenn letztere Aussage sich nicht belegen lässt, ist zumindest do-

---

108 Werner Scherf, Die Verbrechen der SS-Ärzte im KZ Buchenwald - der antifaschistische Widerstand im Häftlingskrankenbau. Berlin 1987, S. 229.

109 Zum Lager Natzweiler existiert bislang eine Gesamtdarstellung: Robert Steegmann, Das Konzentrationslager Natzweiler-Struthof und seine Außenkommandos an Rhein und Neckar 1941–1945, Berlin 2010. Einen weiteren Überblick liefert die Publikation der Landeszentrale für Politische Bildung Baden-Württemberg, Auf dem Weg zu einer Geschichte des Konzentrationslagers Natzweiler, Stuttgart 2000. Diese ist online abrufbar unter: http://www.lpb.bwue.de/publikat/natzweiler/natzweiler.htm (Zugriff am 27.05. 2005). Siehe auch: Wolfgang Benz (Hg.), Der Ort des Terrors Bd. 6, Natzweiler, Groß-Rosen, Stutthof, München 2007.

110 Vgl. dazu: Israel Gutman (Haupthg.)/Eberhard Jäckel/Peter Longerich/Julius H. Schoeps (Hg.), Enzyklopädie des Holocaust. Die Verfolgung und Ermordung der europäischen Juden, Bd. II, München, Zürich 1993, S. 992-994.

111 EM S. 47.

112 Eine bestätigende Zeugenaussage hierfür findet sich in Benz 2007, S. 26.

kumentiert, dass er gegen eine von Kramer verfügte Kollektivbestrafung Beschwerde einlegte.[113]

In seinem Memorandum widmet Hanns Eisele dem Aufenthalt in Natzweiler nur einen kurzen Abschnitt und da so gut wie keine anderen Quellen vorliegen, lassen sich hierzu kaum Aussagen treffen.[114] Auffallend ist die Steigerung, die er bezüglich seiner Selbstdarstellung betreibt. Verfolgt man darin seine Entwicklung in Buchenwald, so ergibt sich in erster Linie das Bild eines rechtschaffenen Mannes, der aber den herrschenden Verhältnissen machtlos gegenüber steht. Der zwar sein Möglichstes unternimmt, dabei aber ans Ende seiner Kräfte gelangt und resigniert. Dabei benutzt er gezielt Kontrastfiguren, wie Hoven, Koch, Kramer oder auch den Funktionshäftling Walter Krämer, um sein eigenes Verhalten von deren Brutalität und Gewissenlosigkeit abzuheben.

Diese Erfahrungen, die *„zunehmende Einsicht in die inneren und äußeren Zusammenhänge eines K.L."*, habe er nun allerdings positiv umsetzen können in seinem Kampf um bessere Lebensbedingungen für die Häftlinge. Dies kulminiert in der Behauptung, *„vielleicht hunderten von Menschen und mehr"* in Natzweiler das Leben gerettet zu haben.[115] Die Kraft dafür habe er aus seiner tiefen christlichen Überzeugung gewonnnen, die er auch stets offen und gegen alle Anfeindungen vertreten habe.[116] Dennoch sieht er sich selbst im Juni 1942 am Rande eines Nervenzusammenbruchs, wofür er vor allem den permanenten Kampf verantwortlich macht, den er sich mit der Lagerleitung um bessere Lebensbedingungen für die Häftlinge habe liefern müssen.

Just in diesem Moment habe er durch Intervention eines Bekannten, die seit langem ersehnte Versetzung zu einer Kampfeinheit erhalten.[117]

---

113 Steegmann 2010, S. 216.

114 Siehe auch Anm. 179, sowie Steegmann 2010, S. 351.

115 Ebd.

116 Ebd. S. 13. Die offene Äußerung christlicher Überzeugungen war in der SS mit ihrer deutlich anti-christlichen Ausrichtung wohl durchaus, wenn auch unter Vorbehalt, möglich. Vgl. dazu: Segev 1992, S. 104. In diesem Zusammenhang ist allerdings die Namensgebung der drei Kinder Eiseles auffällig, die sich – Sieglinde, Armin, Wieland- an unter SS-Angehörigen beliebten germanisierten Namen zu orientieren scheint. Zur Ambivalenz der Beziehung zwischen den religiösen Idealen der SS und christlichen Traditionen siehe: Wegner 1982, S. 53.

117 Ebd. S. 48. Vgl. auch S. 12. Demnach habe er sich bereits in Buchenwald zum Fronteinsatz gemeldet.

3.5 SS-Division „Das Reich"

Er datiert diese Versetzung auf den 12. Juni 1942, was einmal mehr seiner Akte widerspricht, in der der 15. Juli vermerkt ist.[118] Somit decken sich fast sämtliche Zeitangaben Eiseles nicht mit den offiziellen Aktenvermerken. Da jedoch eine plausible Erklärung aus den Quellen heraus nicht möglich ist, kann keine weiterführende Bewertung dieses Umstandes vorgenommen werden. Die Möglichkeit einer bewussten Täuschung kann allerdings wie bereits weiter oben angedeutet, nicht ausgeschlossen werden. Sein Wechsel zwischen KZ- und Frontdienst entspricht dabei wohl jedoch der gängigen Praxis einer Personalrotation innerhalb der Waffen-SS.[119]

Über den Zeitraum bis Anfang Februar 1945, als Eisele ins KZ Dachau versetzt wurde, können so gut wie keine Angaben gemacht werden. Bereits im Januar 1942, also noch als Arzt in Natzweiler, hatte er die Beförderung zum Obersturmführer erhalten und Ende April war sein Sohn Armin geboren worden. Im Juli habe er sich bei einem Unfall eine Schädelfraktur zugezogen, wodurch er für den Felddienst untauglich geworden sei. Dennoch habe er sich 1944 für ein halbes Jahr zu einer kämpfenden Truppeneinheit freiwillig an die Ostfront gemeldet.[120] Aus seiner Akte geht weiter nur hervor, dass er den Großteil der Zeit bei verschiedenen SS-Einheiten in Prag bzw. im dortigen SS-Lazarett verbrachte. Im November 1943 wurde er zum Hauptsturmführer befördert, seinem höchsten Dienstrang in der Waffen-SS. Im September des selben Jahres wurde als drittes Kind der Sohn Wieland geboren. Ende November 1944 schließlich sei seine Kampfgruppe an der slowakischen Ostfront aufgelöst worden und er habe sich zu seiner Familie nach Freiburg begeben. Dort wurden sie bei dem schweren Angriff der Royal Air Force vom 27. November ausgebombt.[121]

Ansonsten lassen sich keine Informationen aus Eiseles Schilderungen gewinnen, da er dieser Phase seiner Tätigkeit nur wenig Raum widmet. Allerdings spricht er an anderer Stelle seines Memorandums davon, zahlreichen Pragern kostenlose ärztliche Hilfe gewährt zu haben und einen jüdischen Apotheker sowie einen jüdischen Arzt und dessen Fami-

---

118 Vgl. Anm. 30.

119 Cüppers 2005, S. 90.

120 Siehe Anm. 35.

121 EM S. 48.

lie *„vor dem Zugriff der Gestapo"* bewahrt zu haben.[122] Der rote Faden seiner Selbstdarstellung als Kämpfer für Menschlichkeit bleibt somit auch hier erhalten. Demgegenüber soll hier eine Quelle zitiert werden, die davon spricht, Eisele habe in Prag mindestens 25 tschechische Bürger ermordet.[123] Zwar kann dies nicht verifiziert werden, es weist jedoch auf die Zweifel und Unklarheiten hin, die mit Eiseles Aussagen verbunden sind.

3.6 Kriegsende in Dachau

Die letzte Station in Eiseles SS-Karriere sollte das KZ Dachau sein, wohin er laut eigener Aussage, ein entsprechender Eintrag in seiner Akte fehlt in diesem Fall, am 22. Februar 1945 gelangte. Das Lager diente zu diesem Zeitpunkt, als es noch hinreichend von der Front entfernt war, als Auffangzentrum für zahlreiche Transporte aus anderen KZ, die sich bereits in Reichweite der alliierten Truppen befanden und deshalb aufgelöst wurden. Dementsprechend herrschten in Dachau desolate und chaotische Zustände. Unter den Häftlingen waren Seuchen ausgebrochen, die jeden Tag im Schnitt mehr als hundert Menschenleben forderten. Gleichzeitig konnten in den Krematorien die Leichen nicht mehr verbrannt werden, da es an Öl und Benzin zum Betrieb der Öfen fehlte. Die Toten stapelten sich buchstäblich im Lager.[124] Von Eisele selbst liegt eine relativ ausführliche Schilderung der von ihm angetroffenen Zustände in Form seiner bereits zitierten Aussage im Zusammenhang mit dem Dachauer Hauptverfahren vor.[125] Darin spricht er von einer grassierenden Fleckfieberepidemie und allgemein sehr schlechten hygienischen und medizinischen Bedingungen. Er bemüht sich dabei vor allem darum sein Engagement hervorzuheben, das jedoch an der Inkompetenz und der mangelnden Flexibilität seines unmittelbaren Vorgesetzten Dr. Hintermayer gescheitert sei, den er maßgeblich für die Situation verantwortlich macht.

Über seine weitere Tätigkeit in Dachau ist ansonsten wenig bekannt, zumal sie nur rund drei Monate andauerte. Offenbar führte er mehrere

---

122 EM S. 40.

123 BArch B 162, AR 1603/67, Bl. 21.

124 Zur Geschichte des KZ Dachau existiert eine vielfältige Forschungsliteratur. Für die Zwecke dieser Arbeit hat sich als besonders nützlich erwiesen: Harold Marcuse, Legacies of Dachau. The Uses and Abuses of a Concentration Camp 1933-2001, Cambridge 2001, hier S. 49.

125 BArch B 162, AR-Z 105/76 Bd. I.

Inspektionen der Dachauer Außenlager bei Mühldorf durch, wo er gleichfalls schlimmste Bedingungen vorfand und wiederum vergeblich Verbesserungsvorschläge gemacht habe.[126] Auch Exekutionen habe er mehrfach beiwohnen müssen, um anschließend den Totenschein auszustellen.[127] Als sich amerikanische Truppen dem Lager näherten habe er erfolglos gegen die bevorstehende „Evakuierung" protestiert und Dachau anschließend auf eigene Faust verlassen. Er sei zu dem Zeitpunkt ohne sein Wissen bereits seit Mitte April der frisch aufgestellten SS-Division „Nibelungen" zugeteilt gewesen, was er aber erst erfahren habe, als er zufällig auf eine Abteilung dieser Division gestoßen sei.[128]

Unmittelbar nach Kriegsende war er dann offenbar noch einige Wochen mit Erlaubnis der Amerikaner ärztlich tätig, bis er schließlich am 11. Juni verhaftet und in das CIC-Lager Moosburg bzw. anschließend ins Internierungslager Dachau gebracht wurde.[129]

Was lässt sich an Ergebnissen über den Verlauf von Eiseles Kriegskarriere festhalten, speziell zu seinen Stationen in Konzentrationslagern? Er wurde frühzeitig, fast frisch von der Universität in die Waffen-SS einberufen, wo er eine mehrmonatige Ausbildung erhielt. Rund anderthalb Jahre verbrachte er als Truppen- und Lagerarzt in insgesamt vier KZ, rund zweieinhalb Jahre bei kämpfenden Einheiten oder in Lazaretten im Rücken der Front. Bei seinen KZ-Aufenthalten ist hervorzuheben, dass er mit Mauthausen und Buchenwald in zwei Lagern Dienst tat, die schon seit längerem Bestand hatten und in denen er bereits fest gefügte Strukturen vorfand. Seine Zeit in Buchenwald fällt dabei in die Übergangsphase zu einer neuen Dimension des Terrors und des Massenmordes, die sich seit Mitte 1941 im KZ-System abspielte und die hier unmittelbar mit seinem Namen verknüpft ist. In Natzweiler erlebte er ein im Vergleich eher kleines, noch im Aufbau befindliches Lager und in Dachau ein KZ in der Endphase, in dem die Strukturen sich bereits im Zusammenbruch befanden. Die Gründe für seine regelmäßig stattfindenden Versetzungen können nicht rekonstruiert werden. Er habe sich jedenfalls stets um einen Posten bei Kampfeinheiten bemüht, um von den KZ wegzukommen. Dennoch verbrachte er eine erstaunlich lange Zeit in Lagern. Und es ist just aus Buchenwald der Fall eines Lagerarztes dokumentiert, der sich erfolgreich an die Front versetzen lassen konnte, was sich offenbar sehr

126 Ebd. Bl. 22.

127 Ebd. Bl. 23.

128 EM S. 49.

129 Ebd. S. 3.

unbürokratisch regeln ließ.[130] Dass es für den Einzelnen auf allen Ebenen der Vernichtungsmaschinerie Möglichkeiten gab, sich von einer aktiven Beteiligung zu distanzieren, steht mittlerweile generell außer Frage.[131] Zwar sollte auch auf die Ärzte gezielt Druck ausgeübt werden, um sie zur Beteiligung an Mordaktionen zu bringen, wer diesem jedoch nicht stand hielt, musste allenfalls um seine Karriere, nicht jedoch um sein Leben fürchten.[132] Ebenso bekannt ist die Tatsache, dass es innerhalb der SS, nicht zuletzt durch Himmler selbst häufig artikuliert, eine starke Furcht davor gab, durch die erzwungene Beteiligung an Gewaltaktionen Sadisten und Unmenschen zu produzieren. Brutalität und Grausamkeit sollten stets nur kalkuliert und emotionslos ausgeübt werden, die Täter sollten dabei „anständig" bleiben.[133] Dass gleichzeitig die bewusste Duldung, oft auch Förderung von Exzesstaten von der SS-Führung zur Aufrechterhaltung ihrer Terrorherrschaft eingesetzt wurde, ist nur ein Verweis auf die Perversion, die diesem System innewohnte.

Eisele widerspricht sich gewissermaßen selbst, indem er einerseits behauptet, seinem Einfluss sei es zu verdanken, dass Josef Kramer als Kommandant in Natzweiler abgelöst wurde, er umgekehrt jedoch nicht genug Einfluss besaß, um sich selbst auf einen anderen Posten versetzen zu lassen.

Ebenso muss die Anmerkung erlaubt sein, dass Eisele als Familienvater gute Gründe hätte haben können, sich nicht zu einer Kampfeinheit zu melden und sich dort in erhöhte Lebensgefahr zu begeben, sondern an einem sicheren Posten wie er sich ihm im KZ anbot festzuhalten. Er setzte seinen sozialen Aufstieg, den er vor dem Krieg bereits durch sein Studium begonnen hatte, durch seine Karriere innerhalb der SS fort. Mit dem Rang eines Hauptsturmführers, den er bei Kriegsende inne hatte, bekleidete er zwar keine besonders herausragende Position, war aber regelmäßig befördert worden und hatte sich dadurch, gerade in Bezug auf seine Pflicht als Versorger einer Familie, eine sehr solide Grundlage

---

130 Kogon 1946, S. 144. Andere Beispiele für Ärzte, die ihre Berufsauffassung nicht mit dem Dienst in einem KZ vereinbaren konnten, finden sich bei: Reinhard Henkys, Die nationalsozialistischen Gewaltverbrechen. Geschichte und Gericht, Stuttgart 1965, S. 71.

131 Vgl. dazu etwa: Browning 1999, S. 223 und, speziell die SS betreffend, Buchheim 1982, S. 346 ff. Ebenso Hinrichsen 1971, S. 161.

132 Robert Jay Lifton, Ärzte im Dritten Reich, New York 1986, S. 231, siehe auch: Robert Kempner, SS im Kreuzverhör. Die Elite, die Europa in Scherben schlug, Nördlingen 1987, S. 285.

133 Jäger 1982, S. 277.

geschaffen. Doch gerade darin, im Typus des Familienvaters, der nach bescheidenem Wohlstand für sich und die Seinen strebt, sah Hannah Arendt die von der SS bevorzugte Personengruppe für die Verwirklichung ihrer mörderischen Absichten.[134]

---

[134] Hannah Arendt, Die verborgene Tradition, Frankfurt am Main 1976, S. 40 f.

4 - Die Zeugen Eisele aus Sicht der Häftlinge

4.1 Zur Problematik der Zeugenschaft in NS-Prozessen

Nachdem bisher hauptsächlich auf Hanns Eiseles eigene Sichtweise eingegangen wurde, die sich zum Großteil aus seinem Memorandum erschließt, sollen dieser nun verschiedene Zeugenaussagen gegenüber gestellt werden. Dazu sind einleitend einige Anmerkungen zum Problem der Zeugenschaft in diesem besonderen Zusammenhang angebracht.

In Eiseles Fall gibt es drei große Komplexe, in denen sich die Aussagen über seine Tätigkeit in Konzentrationslagern zusammen fassen lassen. Zum einen in der Erinnerungsliteratur und in Dokumentensammlungen, wobei mit Kogons „SS-Staat" bereits ein zentrales Werk zitiert wurde. Daneben existiert eine Vielzahl von Aussagen, die im Umfeld von Gerichtsverfahren entstanden sind. Dies umfasst einerseits das Dachauer Hauptverfahren und den Buchenwald-Prozess vor amerikanischen Militärgerichten im Zuge der Dachauer Prozesse. Der Schwerpunkt liegt dabei deutlich auf den Aussagen zum Komplex Buchenwald, wo Eisele wesentlich länger Dienst tat als in Dachau. Umgekehrt sind zu seinen Stationen in Mauthausen und Natzweiler so gut wie keine Aussagen bekannt. Zusätzlich finden sich auch in zahlreichen Akten bundesdeutscher Gerichte zu Ermittlungen gegen NS-Täter noch bis in die sechziger Jahre diverse Aussagen, in denen Eisele erwähnt und belastet wird. Als letzter Bereich sind die im Jahr seiner Flucht durch verschiedene Presseorgane recherchierten und veröffentlichten Äußerungen zu nennen. Bei allen hier aufgeführten Typen verschiedener Aussagen stößt man auf spezifische Schwierigkeiten, die bei einer Analyse zu berücksichtigen sind.[135]

Die hier verwendeten Bände mit erinnerungsliterarischem Inhalt - „Der Pelerinenmann" von Ernst Haberland, Fritz Lettows „Arzt in den Höllen" und František Blahas „Medizin auf schiefer Ebene" - stammen zum Teil von als Funktionshäftlingen, die auf der höchsten Stufe der Lagerhierarchie standen und die somit selbst unter Umständen tief in die Verflechtungen der „Grauzone" verstrickt waren. Ähnliches gilt für die Dokumentensammlungen, die zudem häufig von einer (unterschwelligen) sozialistischen Kritik bestimmt sind, die das Konzentrationslager

135 Auf Grund der teils unklaren Datenschutzlage, sollen im Folgenden nur in Ausnahmefällen Zeugen namentlich genannt werden, beispielsweise, wenn dies bereits in anderen Publikationen geschehen ist.

als genuines Produkt des Kapitalismus interpretiert. Neben Kogons „SS-Staat“ wären hier vor allem Benedikt Kautskys „Teufel und Verdammte“ zu nennen, sowie die teilweise identischen Bände: „Buchenwald. Mahnung und Verpflichtung“, „KZ Buchenwald. Bericht des Internationalen Lagerkomitees“, und David A. Hacketts „Buchenwald Report“. Hier tauchen darüber hinaus vor allem Aussagen zu einzelnen Tatbeständen auf, die nicht von unmittelbaren Augenzeugen stammen, sondern in denen nur Gehörtes wiedergegeben wird.

Die Zeugenproblematik im Zusammenhang mit Gerichtsprozessen wurde bereits vielfach vertiefend behandelt und stellt ein großes Dilemma in der Aufarbeitung von nationalsozialistischen Verbrechenskomplexen dar. Vor allem die von der Justiz geforderte Präzision konnten viele Zeugenaussagen nicht vorweisen. Dies wiederum hat seine Ursache in der besonderen Situation der Zeugen in ihrer damaligen Situation als KZ-Häftlinge, Zwangsarbeiter etc. und des dadurch vollkommen reduzierten Wahrnehmungshorizontes. Beispielsweise stellten die Forderungen der Richter und Verteidiger nach exakten Zeit- und Datumsangaben für bestimmte Tatbestände die Nazi-Opfer häufig genug vor unlösbare Aufgaben. Auch bei der vorliegenden Untersuchung wird schnell deutlich werden, dass es häufig zu Ungereimtheiten kommt, die mit Sicherheit zum Teil den Bedingungen der Lagerhaft geschuldet sind.[136]

Ein weiterer Punkt ist, dass zu vielen Gewaltverbrechen keine direkten Augenzeugen existierten, da es schlichtweg niemanden gab, der überlebt hatte. Zahlreiche Aussagen bergen deshalb in sich ein Konglomerat aus tatsächlich Gesehenem, aus Geschlussfolgertem und Erkenntnissen aus zweiter oder dritter Hand. Damit konnte in den Prozessen zwar ein den Tatsachen durchaus entsprechender Gesamteindruck formuliert werden, aber nur selten eine den richterlichen Anforderungen genügende Darstellung.

Hinzu kommt noch ein besonderes schwer zu beschreibendes Phänomen in Bezug auf die Täter. So scheint bei vielen der Rollenwechsel, der mit Kriegsende vollzogen wurde und ihre sich häufig anschließende Wiedereingliederung ins Zivilleben eine solche Veränderung, ja einen Bruch in ihrer Erscheinung und ihrem Auftreten bewirkt zu haben, dass sie von ihren einstigen Opfern teils nur mit Mühe, teils gar nicht mehr identifiziert werden konnten. Häufig genug sprachen Zeugen davon, der jeweilige Angeklagte habe „in Uniform“ ganz anders ausgesehen. Diese Unmöglichkeit, in den gealterten Männern auf der Anklagebank die

---

136 Vgl. Anm. 16.

Peiniger von früher wiederzuerkennen, ist in gewisser Weise ein Spiegel der gesellschaftlichen Verweigerung, die Menschen, die als Nachbarn, Kollegen, Freunde oder Verwandte bekannt waren mit den von ihnen begangenen Verbrechen in Verbindung zu bringen.[137] Auch ging es häufig um Verbrechenskomplexe, deren schiere Dimension so unfassbar waren, dass sie kaum als das Werk der oft so harmlos aussehenden Angeklagten begriffen werden konnten. So hatten bereits die amerikanischen Richter im Nürnberger Einsatzgruppenprozess von 1948 festgestellt:

> „Der Verlust einer einzelnen Person kann nur am Bewusstsein der Überlebenden, dass sie für immer gegangen ist, gemessen werden. Deshalb kann die Vernichtung von zwei Millionen menschlicher Wesen überhaupt nicht erfühlt werden. Zwei Millionen ist nur eine Zahl. […] Niemand kann den vollen, sich türmenden Schrecken des millionenfach wiederholten Mordes erfassen."[138]

Gleichzeitig konnte die Begegnung mit den Tätern vor Gericht für die Opfer auch eine kritische Unterbrechung im langwierigen Verarbeitungsprozess traumatischer Erinnerungen bedeuten, konnten die insistierenden Fragen der Staatsanwälte nach möglichst vielen Details schwere psychische Konflikte hervorrufen, da auch bei vielen Opfern ein Verdrängungsprozess eingesetzt hatte, um die Erlebnisse der Nazizeit verarbeiten zu können.[139] Nicht selten konnten Zeugen deshalb mit Rücksicht auf ihre seelische und körperliche Gesundheit nicht vor Gericht erscheinen.

Damit ist nur ein kleiner Ausschnitt aus der gesamten Problematik der Zeugenschaft in NS-Prozessen wiedergegeben, der dennoch deutlich machen dürfte wie schwer ihre Auswertung sowohl in juristischer als

137 Ulrich Herbert, Wer waren die Nationalsozialisten? Typologien des politischen Verhaltens im NS-Staat, in: Gerhard Hirschfeld/Tobias Jersak (Hg.), Karrieren im Nationalsozialismus. Funktionseliten zwischen Mitwirkung und Distanz, Frankfurt am Main 2004, S. 22.

138 Zitiert nach: Joachim Perels, Wahrnehmung und Verdrängung von NS-Verbrechen durch die Justiz, in: Peter Gleichmann (Hg.), Massenhaftes Töten: Kriege und Genozide im 20. Jahrhundert, Essen 2004, S. 364.

139 Die Schwierigkeit, ehemalige KZ-Häftlinge vor Gericht als Zeugen zu hören erschließt sich sehr anschaulich aus den aufrichtig empörten, jegliche Distanz entbehrenden Berichten der langjährigen Staatsanwältin bei NS-Prozessen Helge Grabitz in: dies., NS-Prozesse - Psychogramme der Beteiligten, Heidelberg 1986, z. B. S. 91.

auch in historischer Hinsicht ist. Zumal nur in Ausnahmefällen gleichzeitig beweiskräftige Dokumente existieren; sei es, weil zahlreiche Akten gezielt vernichtet wurden oder weil Bestände nach wie vor für wissenschaftliche Untersuchungen nicht freigegeben sind, sei es weil zu vielen Tatkomplexen überhaupt nie Aufzeichnungen gemacht wurden. Somit hat man es so gut wie immer mit ex-post Berichten zu tun, die durch die jeweiligen Umstände ihrer Entstehung geprägt sind.

Die im Folgenden auch berücksichtigten Aussagen, die aus Presseartikeln zitiert werden, müssen mit besonderem Vorbehalt behandelt werden. Sie liegen nicht im Original vor, ihre Urheber sind zum Teil nicht genannt und auch journalistische Kürzungen und Umformulierungen müssen einkalkuliert werden

4.2 Aussage gegen Aussage? Selbstdarstellung vs. Zeugenprotokoll

Es bietet sich an, als Einführung in den komplexen Sachverhalt, mit Darstellungen zu beginnen, die nicht speziell auf Eiseles Handlungen Bezug nehmen, sondern die sich auf breiter Ebene mit der medizinischen Situation der Konzentrationslager und mit den SS-Ärzten auseinandersetzen. Hier ist es von Vorteil, dass zwei Erinnerungsberichte von ehemaligen Häftlingsärzten vorliegen, die auf der Grundlage ihres Fachwissens urteilen konnten. Neben dem bereits erwähnten Buch von Fritz Lettow sind dies die Aufzeichnungen der tschechischen Arztes František Blaha, der das Lager Dachau überlebte und der einer der wichtigsten Zeugen im ersten Dachauer Prozess war.

Beiden gemeinsam ist, dass sie im Grunde ein Pauschalurteil über die SS-Mediziner abgeben, das zwar im Detail variiert und von dem es selten genug auch positive Ausnahmen gibt, das vom Großteil der Ärzte allerdings ein extrem düsteres Bild zeichnet. So lässt sich bei Lettow, der unter anderem in Buchenwald und Dachau gefangen gehalten wurde, nachlesen, dass das Hauptinteresse der SS-Ärzte in der Aufrechterhaltung eines nach außen hin funktionierenden Ablaufs bestanden habe, wozu sie sich im Wesentlichen auf administrative Tätigkeiten beschränkt hätten.[140] Die alltäglichen Arbeiten der Krankenstation sei weitgehend den dort arbeitenden Funktionshäftlingen überlassen worden. Der Versorgung der Kranken seien sie mit völligem Desinteresse begegnet, nur medizinisch besonders reizvolle und exotische Fälle habe man persön-

140 Fritz Lettow, Arzt in den Höllen. Erinnerungen an vier Konzentrationslager, Berlin 1997, S. 93f.

lich behandelt. Gleichzeitig macht er die Ärzte für Morde an Patienten verantwortlich, die sie entweder selbst begingen oder durch die Sanitätskapos ausführen ließen. Er entwirft hier eine Typologie, die sich in Variationen auf so gut wie alle hier vorliegenden Aussagen über SS-Ärzte anwenden lässt und die sich als eine Mischung aus Faulheit und Inkompetenz auf der einen Seite, gepaart mit Skrupellosigkeit und Brutalität auf der anderen zusammenfassen lässt. Lettow kontrastiert dies noch, indem er die technische Ausstattung der Krankenreviere durchaus lobend erwähnt und somit die infrastrukturellen Möglichkeiten einer zumindest ansatzweise ausreichenden Versorgung der Kranken und Verletzten dem Unwillen und der Unfähigkeit der Ärzte gegenüberstellt. Auffallend ist bei dieser ersten Beschreibung auch die Übereinstimmung mit Eiseles Aussagen über zahlreich seiner Kollegen, so dass seine damit verbundene Absicht sich von diesen abzugrenzen deutlich hervortritt.

Pauschal urteilt auch Blaha in seinen Aufzeichnungen, etwa wenn er im Zusammenhang mit der Fleckfieber-Epidemie Anfang 1945 in Dachau den SS-Ärzten attestiert, sich *„boshaft und feige"* verhalten zu haben.[141] Aus Angst vor Ansteckung hätten sie den Kontakt zu den Häftlingen auf ein Minimum reduziert und dabei die Ausbreitung der Epidemie bewusst in Kauf genommen. Überdies gelangt er zu einem besonders interessanten Schluss, der für eine systematischere Untersuchung der Rolle, die den Ärzten innerhalb der SS zugedacht war, äußerst aufschlussreich sein mag. So geht er davon aus, dass die von der SS rekrutierten Ärzte, speziell solche die wie Eisele noch wenig praktische Erfahrung besaßen, gezielt zum Lagerdienst eingeteilt wurden, um sie dort ohne jegliche Einschränkungen und unter extremen Bedingungen praktisches Wissen erwerben zu lassen. Dort konnten sie ihre Kunst erproben, ohne Rücksicht auf das Wohl ihrer Patienten nehmen oder bei Fehlgriffen Konsequenzen befürchten zu müssen. Dadurch sollten sie die nötige Vorbereitung und Abhärtung für den Dienst in den Frontlazaretten erhalten.[142] Für diese Theorie könnte Eiseles Karriereverlauf geradezu Modellcharakter haben, allerdings fehlen weitere unterstützende Belege. Über Eisele berichtet Blaha:

> „Ähnlich war es auch mit Dr. Eisele, welcher im Revier als ein rauer Arzt bäuerlichen Aussehens auftrat. Von ihm sagte man, daß ein ‚Hund, welcher bellt, nicht beißt'. Nach den Enthüllungen

141 František Blaha, Medizin auf schiefer Ebene. Arolsen 1964, S. 148.

142 Ebd. S. 36.

> seiner Verbrechen und Sünden in Buchenwald, zeigte er sich in einem viel schlechteren Licht als wir ihn kannten."[143]

Ein noch vernichtenderes Urteil über die Lagerärzte fällt der Österreicher Benedikt Kautsky, der in ihnen nichts anderes als gewöhnliche SS-Männer sieht, die *„zufällig einige, meist nicht übertriebene medizinische Kenntnisse"* besaßen.[144] Er ordnet sie somit in ein von ihm zuvor beschriebenes System aus Eigenschaften und Werten sowie mentalen Dispositionen der SS ein, wie es sich ihm aus der Perspektive des Häftlings präsentierte. Er teilt dabei prinzipiell die auch von Kogon vertretene Auffassung, das Gros der SS habe sich aus den Bodensätzen der Gesellschaft rekrutiert oder wie es dort heißt, aus *„gescheiterten Existenzen"*.[145] Hat diese Auffassung zur Sozialstruktur der SS mittlerweile an Tragkraft eingebüßt, so kommt er doch zu Urteilen, die im Einzelnen gerade durch neuere Forschungen bestätigt werden. Beispielsweise umschreibt er die Lebensauffassung der SS-Angehörigen als von *„Faulheit, Dummheit, Roheit, Feigheit, Disziplinlosigkeit und Korruption"* bestimmt.[146] Die Lager-SS sei ihrem Wesen nach gänzlich unmilitärisch und von einer ständigen Bereitschaft zur Gewalt geprägt gewesen, die allerdings in erster Linie nicht als Ausdruck individueller sadistischer Neigungen aufgefasst werden müsse, sondern die ganz bewusst als Gemeinschaft stiftendes Element inszeniert und von den einzelnen SS-Mitgliedern eingefordert wurde und sich durchaus auch gegen diese selbst richten konnte.[147]

Dies deckt sich mit Karin Orths Untersuchungen, die die Erfahrung von Gewalt während der Ausbildung und die anschließende Ausübung von Gewalt gegenüber den Insassen der KZ als Kern der SS-internen Vergesellschaftung ausmacht, die ihre Wurzeln in der so genannten „Dachauer Schule" Theodor Eickes habe.[148] Naheliegend ist auch, dass diese Wurzeln noch weiter in die Geschichte der nationalsozialistischen Bewegung zurück reichen, die von Anfang an die kollektiv verübte Gewalttat vom Fememord bis zur Saalschlacht internalisiert hatte. Diese Feststellungen verweisen wiederum auf das bereits von Buchheim getroffene Urteil,

---

143 Ebd. S. 174.

144 Benedikt Kautsky, Teufel und Verdammte. Erfahrungen und Erinnerungen aus sieben Jahren in deutschen Konzentrationslagern, Wien 1961, S. 121.

145 Ebd. S. 77. Vgl. auch Kogon 1946, S. 393.

146 Zur Schwierigkeit, die soziale Zusammensetzung der Lagermannschaften zu rekonstruieren siehe: Gerhard Armanski, Maschinen des Terrors. Das Lager in der Moderne, Münster 1993, S. 96.

147 Kautsky 1961, S. 84. Ebenso Levi 1993, S. 123.

148 Orth 2004, S. 151.

dass weniger die politische Ideologie als vielmehr diese Mentalität der Gewalt das herausragende Wesensmerkmal der SS sei und dass dadurch die Ausbildung einer elitären Selbstwahrnehmung stattgefunden habe.[149] Den SS-Angehörigen wurde dies in erster Linie durch die unmittelbare Teilnahme an Gewalttaten systematisch vermittelt und durch omnipräsente Parolen, wie etwa das gleichfalls von Eicke geprägte „Toleranz ist ein Zeichen von Schwäche" oder „Gelobt sei, was hart macht", immer wieder ins Gedächtnis gerufen.[150] Dass sie ihrer Herkunft nach dabei keineswegs nur einem gesellschaftlichen Bodensatz entstammten, lässt sich etwa für das SS-Offizierskorps nachweisen, in dem sich in hohem Maße Angehörige der Mittel- und Oberschicht sammelten.[151] Die soziale Zusammensetzung der Wachmannschaften ist bislang kaum untersucht worden.

Dennoch schildert Kautsky, dass es auch SS-Leuten, unter dem Primat der Gewalt, möglich gewesen sei, sich den Häftlingen gegenüber menschlich zu verhalten. Die wenigen, die dazu in der Lage gewesen seien, benennt er mit der symbolhaften Bezeichnung des Lagerjargons „Weiße Raben".[152] Eisele hingegen widmet er einen kurzen Abschnitt, in dem davon die Rede ist, er sei ein *„übler Antisemit"* gewesen, habe demzufolge die Behandlung der Juden weitestgehend eingeschränkt und darüber hinaus im Lager *„Jagd auf Zigeuner"* gemacht, die er auf dem Krankenrevier per Injektion ermordet habe. Dies sei in etwa 60 Fällen geschehen, daneben macht er ihn für die massenhafte Ermordung von Tuberkulosekranken verantwortlich und bringt ihn in Verbindung, mit dem Sammeln von tätowierten Hautstücken durch einen anderen SS-Arzt.[153] Gleichzeitig wird hier durch zwei falsche Angaben - Eisele sei Sudetendeutscher gewesen und habe eventuell bereits seit 1940 das La-

---

149 Buchheim 1982, S. 276. Siehe auch: Peter Reichel, Der Schöne Schein des Dritten Reiches. Faszination und Gewalt des Faschismus, München/Wien 1991, S. 226.

150 Segev 1992, S. 95.

151 Cüppers 2005, S. 93.

152 Kautsky 1961, S. 123.

153 Ebd. S. 122. Zur systematischen Sammlung und Konservierung tätowierter Haut siehe: Gedenkstätte Buchenwald 1999, S. 58. Der Vorwurf gegenüber Eisele, Häftlinge zu diesem Zweck ermordet zu haben, wird durch zwei Zeugen 1949 bei Ermittlungen gegen Ilse Koch, die Witwe des ehemaligen Kommandanten erneut vorgebracht. Vgl. dazu: BArch B 162, AR 429/84 Bd. III, Bl. 537 und 640.

ger ärztlich betreut - die Vermutung nahe gelegt, dass Kautsky von diesen Vorfällen nur mittelbar Kenntnis erhalten hat.

4.3 Sadismus, Antisemitismus und persönliche Abneigung

Interessant ist hier vor allem die deutliche Bezeichnung Eiseles als Antisemit, da somit bereits auf eine mögliche persönliche Motivation der Gewaltausübung verwiesen wird. So konnten im bisherigen Teil der Arbeit keine Rückschlüsse auf mögliche antisemitischen Ansichten Eiseles gezogen werden, wenn auch darauf hingewiesen wurde, dass er spätestens während seines Studiums mit rassistischer Propaganda und speziell antijüdischen Maßnahmen in Kontakt gekommen sein muss, wodurch er als Mediziner auch potenziell Vorteile genoss. Von diesem allgemeinen Befund können jedoch keine Rückschlüsse auf seine persönlichen Ansichten getroffen werden.

Ergänzend dazu soll in diesem Zusammenhang auf eine Aussage verwiesen werden, die von besonderer Brisanz ist, da sie von dem ebenfalls für Häftlingsmorde im Krankenbau Buchenwalds verantwortlich gemachten Sanitätsdienstgrad Friedrich Wilhelm stammt. Dieser bezeichnete Eisele in einem Verhör durch Angehörige der US-Armee als *„Judenhasser"*. Im Folgenden schildert er einen exemplarischen Fall, bei dem Eisele einem jüdischen Häftling offenbar willkürlich eine Spritze gab, woraufhin dieser sich auf der Erde gewälzt und erbrochen habe. Außerdem habe er Häftlinge, die ihm im Weg standen, regelmäßig geschlagen oder getreten.[154] Demgegenüber steht Eiseles Aussage in seinem Memorandum, während seines Aufenthalts in Prag mehreren Juden Hilfe gewährt zu haben und auch in Buchenwald zahlreiche jüdische Häftlinge behandelt zu haben.[155] Wilhelm hingegen sei bei seinem Verhör brutal geschlagen worden und man habe ihm *„die blanke Pistole auf die Brust und Kopf gesetzt"* bis er schließlich gegen ihn ausgesagt habe.[156] Eisele selbst soll sich jedoch nach seiner Flucht nach Ägypten gegenüber Journalisten als *„Opfer jüdischer Verfolgung"* bezeichnet haben und er habe dort offenbar auch in Kontakt mit dem bekennenden Antisemiten und NS-Publizisten Johannes von Leers gestanden, bei dem er Unterstützung

154 BArch B 162, 804 Bd. 2, Aktenauszüge aus War Crimes Group, File No 707 Vol. 14, Bl. 125733.

155 EM S. S. 40 sowie S. 35.

156 Ebd. S. 43.

und Unterkunft fand.[157] Ebenfalls heißt es Eisele habe im März 1941, nachdem eine größere Gruppe holländischer Juden ins Lager kam, eine Reviersperre über diese verhängt. Den Berichten des damaligen Blockältesten ist zu entnehmen, dass Eisele selbst schwerste Fälle nicht zur Behandlung zugelassen, sondern kurzerhand „abgespritzt" habe.[158]

Was nun Wilhelms Aussage betrifft, so ist eine solch schwere Beschuldigung eines Mitangeklagten einerseits eher selten und sie liefert überdies neben dem Antisemitismusvorwurf noch zwei Hinweise auf im weiteren genauer zu untersuchende Details im Verhalten Eiseles. Zum einen taucht hier die schon im einleitenden Zitat von Kogon erwähnte Auswahl von Opfern, aus zum Teil willkürlich erscheinenden Beweggründen, auf. Zum anderen wird hier das besondere Tatmoment der unmittelbar körperlich ausgeübten Gewalt geschildert. Davon soll noch die Rede sein, wenn die besondere Art der Gewaltausübung durch Ärzte zu analysieren ist.[159] Für die spezifische Art der Opferauswahl lassen sich zahlreiche weitere Belege anführen, etwa bei Lettow:

> „Dr. Eisele machte sich ein Vergnügen daraus, kräftige Kerle, meist Zigeuner oder Asoziale von der Lagerstraße weg ins Revier zu holen und sie mit einer Spritze zu erledigen. Man nannte ihn darum den ‚Henker von Buchenwald'"[160]

Neben dieser Bezeichnung sind auch die Beinamen *„Spritzendoktor"* und *„Weißer Tod"* bekannt.[161] Die bereits von Kautsky erwähnte, bevorzugte Auswahl von Zigeunern als Opfer wird hier noch um die Häftlingskategorie der „Asozialen" ergänzt, mit dem Hinweis, dass es sich dabei meist um „kräftige Kerle" gehandelt habe. Im so genannten „1. Bericht des Internationalen Lagerkomitees" erhält Eisele den Titel *„Schrecken von Buchenwald"*. Weiter heißt es dort: *„Er holte sich seine Opfer wahllos von der Straße. Meistens führte er sie in die Ambulanz, um ihnen eine Apo-*

---

157 Süddeutsche Zeitung, 14. Juli 1958, S. 1 und 3. Bereits 1947 hatte er sich als *„Opfer einer organisierten politischen und skrupellosen Hass- und Verleumdungsaktion"* gesehen. EM S. 5.

158 Walter Bartel et. Al. (Hg.), Buchenwald - Mahnung und Verpflichtung. Dokumente und Berichte, Berlin 1961, S. 142 und Gedenkstätte Buchenwald 1999, S. 82.

159 Ein weiterer Hinweis auf die Anwendung von körperlicher Gewalt durch Eisele findet sich in: Stanislav Zámecník, Das war Dachau, Luxemburg 2002, S. 236.

160 Lettow 1997, S. 97.

161 Gedenkstätte Buchenwald 1999, S. 59.

morphinspritze zu geben und sich an der Wirkung zu ergötzen."[162] Werden hier zwar keine weiteren Details bezüglich der Opferauswahl angegeben, so wird zumindest ein konkretes Medikament benannt, mit dem Eisele Häftlinge traktiert habe. Bei Apomorphin handelt es sich um ein starkes Brechmittel, das bei Vergiftungen angewendet wurde und das wahrscheinlich auch bei dem weiter oben geschilderten Fall mit den entsprechenden Symptomen benutzt wurde. Eisele spricht mehrfach davon, damit hysterische Reaktionen bei Häftlingen behandelt zu haben. Die Nebenwirkungen seien zwar häufig grausam anzuschauen, jedoch nicht zu vermeiden.[163]

Einer Aussage im Zusammenhang mit Ermittlungen gegen ein ehemaliges Mitglied der Wachmannschaft Buchenwalds aus dem Jahr 1963 ist zu entnehmen:

> „Der beschuldigte Hans Eisele suchte sich bei den Appells oft Leute, die schlecht aussahen aus und bestellte diese abends zum San.Revier. Dort bekamen die Häftlinge eine tödlich wirkende Spritze. Er schrieb sich in diesen Fällen die Nummern der Häftlinge auf. Abends wurden diese Häftlinge dann vorgeführt und bekamen eine Spritze von Eisele. Kurze Zeit später hieß es dann: Leichenträger zum Revier."[164]

Dieser Beobachtung zufolge habe Eisele also gezielt Häftlinge mit erkennbar schlechtem Gesundheitszustand beim Appell, der regelmäßig morgens und abends zur Feststellung der exakten Anzahl der Häftlinge statt fand, ausgesucht, zu sich aufs Revier kommen lassen und dort getötet. Ähnliche Schilderungen finden sich noch in zahlreichen anderen Aussagen, in denen es immer wieder heißt, Eisele habe gezielt krank aussehende Häftlinge angesprochen und versprochen, ihnen auf dem Revier zu helfen. Dabei soll er häufig ein groteskes Schauspiel inszeniert haben, um die Häftlinge über seine wahren Absichten im Unklaren zu lassen:

> „Bei verschiedenen Häftlingen motivierte er seine Absicht, ihm eine Spritze zu geben mit sinngemäß folgenden Bemerkungen: ‚Wir möchten sie einige Wochen ins Revier aufnehmen, um sie wieder arbeitsfähig zu machen. Ich werde ihnen jetzt eine Spritze zur Kräftigung geben.' Eisele gab dann die tödliche Spritze. Ein

162 Internationales Lagerkomitee Buchenwald, Konzentrationslager Buchenwald. 1. Bericht des Internationalen Lagerkomitees, Weimar 1949, S. 87.

163 Dazu beispielsweise EM S. 24.

164 BArch B 162 AR 68 000 26 Bd. II, Bl. 206.

Pfleger führte dann das Opfer noch etwa 2-3 Schritte bis zu der Tür des Waschraumes und meist in diesem Moment brach der betreffende über einem dort bereits liegenden Leichenhaufen zusammen."[165]

Ein weiteres Detail zu diesen tödlichen Injektionen lieferte ein ehemaliger Häftlingssanitäter in einem Verfahren aus dem Jahr 1966: *„Ich wusste damals schon, dass Dr. Hoven Abspritzungen mit Phenol durchführte, im Gegensatz zu Dr. Eisele, der Evipan bevorzugte."*[166] Wie bereits erwähnt ist es denkbar, dass Eisele mit dieser Art, Häftlinge zu ermorden, bereits während seines kurzen Aufenthalts in Mauthausen in Berührung kam. Auch in Buchenwald wurde diese Methode nachweislich seit 1940 praktiziert. Darüber hinaus liegt eine Aussage vor, in der Eisele beschuldigt wird, auch in Natzweiler Häftlinge „abgespritzt" zu haben.[167]

Der Kreis der potenziellen Opfer umfasst somit bislang Juden und „Zigeuner", besonders große und kräftige Häftlinge sowie Schwerstkranke oder zumindest krank aussehende. Eine weitere Aussage, die ebenfalls im Umfeld der Ermittlungen von 1963 gesammelt wurde, kommt dabei zu folgendem Schluss: *„Er tat dies* (i. e. Häftlinge „abspritzen") *[...] mit all denen, die er persönlich besonders hasste"*.[168] Auf dieser ersten Beobachtungsebene ergibt sich also der Befund, dass es zahlreiche unterschiedliche Aussagen ehemaliger Häftlinge gibt, die in ähnlicher Form davon sprechen, Eisele habe Häftlinge nach Belieben aus einem relativ weit gefassten Spektrum an möglichen Opfern ausgesucht und mit Injektionen gequält, häufig genug sogar getötet. Diese Vorgänge können dabei aus Sicht der Häftlinge keinem Kontext zugeordnet werden und erscheinen deshalb als Akte sadistischer Willkür, wie sie als Ausdruck des SS-Terrors fester Bestandteil des Lageralltags war. Dabei wird unterstellt, dass das Hauptmotiv für dieses Verhalten persönliche Abneigungen gegenüber einzelnen Häftlingen bzw. ganzen Häftlingskategorien gewesen sei. Gleichzeitig fällt jedoch auf, dass diese Opferauswahl zum Teil

---

165 BArch B 162/1789 Bl. 495.

166 Ebd. Bei Phenol handelt es sich um ein starkes Desinfektionsmittel, das bei einer Injektion ins Herz letale Wirkung hat. Evipan oder Evipan-Natrium ist ein seit den dreißiger Jahren verwendetes Anästhetikum, das bei Überdosierung ebenfalls zum Tod führt.

167 Die Tat - Antifaschistische Wochenzeitung, Nr. 30, 02. Februar 1958, S. 2.

168 Ebd. Bl. 265. Gleichzeitig gibt der Zeuge jedoch an, Eisele sei *„über ein Jahr, vielleicht etwa zwei Jahre, für das gesamte Krankenrevier in Buchenwald zuständig"* gewesen. Insofern kann nicht mit Sicherheit davon ausgegangen werden, dass er persönlich Erlebtes wiedergibt.

exakt die Personengruppen betraf, die bereits im Vorfeld des Krieges nach rassischen und sozialen Kriterien als Juden, „Zigeuner" oder „Asoziale" aus der Volksgemeinschaft ausgestoßen worden waren und die in Konzentrationslagern häufig die bevorzugten Opfer von Gewalttaten waren.[169] Auch in der permanenten weltanschaulichen Schulung der SS wurde besonders großer Wert auf die Vermittlung antisemitischer und rassistischer Lehren gelegt.[170]

Eisele wiederum leugnet sämtliche Vorwürfe, wie sie bisher aufgeführt wurden, und behauptet seinerseits, weder ein Behandlungsverbot für Juden erlassen, noch jemals in Buchenwald einen Häftling außerhalb des Reviers angesprochen zu haben. Allerdings bezeichnete er sich im Vorwort seines Memorandums ganz unumwunden als *„Antibolschewist"*, und bestätigt somit das Vorhandensein grundlegender Antipathien.[171] Ein Vorfall, der von Eisele ebenfalls heftig abgestritten wurde, veranschaulicht den möglichen Zusammenhang zwischen einer solchen Antipathie und der Anwendung von Gewalt. Ein jüdischer Häftling, der von Eisele untersucht wurde, war durch seinen Winkel als „Rasseschänder" gekennzeichnet. Dies fiel Eisele offenbar erst während der Untersuchung auf, woraufhin er den Mann beschimpft und geschlagen und ihm anschließend eine Evipan-Spritze gegeben habe, offenbar in der Absicht, ihn zu töten, was allerdings nicht gelang.[172] Nachdem er also zuerst offenbar nicht die Absicht hatte, dem Mann Schaden zuzufügen, kommt es zu einem fast reflexartigen Ausbruch von Aggression, nachdem er ihn als Juden und noch dazu „Rasseschänder" identifizierte.

4.4 Wissenschaftliche Experimente

Wie bereits mehrfach angedeutet, besteht als weiterer Vorwurf gegen Eisele die willkürliche Durchführung von Operationen an Häftlingen. Einleitend dazu folgende Darstellung:

> „An der gemauerten Treppe, die zum ebenerdigen Hauptgeschoß führte, befand sich eine kleinere Kammer, die verschiedene Ver-

---

169 Alfons Labisch, Die hygienische Revolution im medizinischen Denken. Medizinisches Wissen und ärztliches Handeln, in: Dörner/Ebbinghaus 2001, S. 86.

170 Cüppers 2005, S. 103.

171 EM S. 1. Eventuell weist dieser so lautstark artikulierte Antibolschewismus auf die Übernahme SS-interner Wertvorstellungen hin, die ihrem Selbstverständnis nach eine „antibolschewistische Kampforganisation" war. Dazu Wegner 1982, S. 38.

172 Scherf 1987, S. 216.

wendung fand. In ihr führte beispielsweise SS-Arzt Eisele Tierversuche aus, bevor er in gleicher Weise an Häftlingen ‚übte'. Eisele selbst sprach von Operationen. Als Psychiater war er chirurgisch weder ausgebildet, noch geübt."[173]

Diese Schilderung stimmt mit den bekannten Daten zu Eiseles medizinischer Ausbildung überein, insofern er offenbar tatsächlich auch nach eigner Aussage, über wenig chirurgische Praxis verfügte und seine ersten größeren Operationen in Buchenwald durchgeführt habe.[174] Dort habe er sogar dem Sanitätskapo Krämer gegenüber den Wunsch geäußert, von ihm lernen zu wollen.[175] Er habe sich überdies mit allen ihm zur Verfügung stehenden Mitteln akribisch auf jede Operation vorbereitet, immer mit dem obersten Ziel, Leben zu retten. Auf Grund des in aller Regel sehr schlechten allgemeinen Gesundheitszustandes der Häftlinge, die ins „Revier" eingeliefert wurden und der unzureichenden Ausstattung mit Medikamenten, seien seine Bemühungen nicht immer von Erfolg gekrönt gewesen. Somit sieht er die Ursache für die Sterberate von drei bis zehn Personen pro Tag in den harten Lagerbedingungen und nicht in Fehlern oder gar bewusster Absicht seinerseits.[176]

Genau dies scheint jedoch aus Sicht der Häftlinge wiederum der Fall gewesen zu sein:

> „Als ‚Operateur' war Eisele bei den Häftlings-Assistenten und Pflegern gefürchtet und gehasst. An den einfachsten Operationen, die er ausführte, sind Häftlinge gestorben. Es war bei Eisele üblich, nach einer solchen Pfuscharbeit den Patienten ‚wegzuspritzen'. Er hat mehr experimentiert als operiert."[177]

Handelt es sich hier lediglich um eine Frage der Wahrnehmung? Für sich genommen ist Eiseles Verteidigung auch in diesem Punkt durchaus schlüssig und beschreibt, was den häufig fatalen Gesundheitszustand der Häftlinge und die damit verbundenen Schwierigkeiten einer erfolgreichen Behandlung betrifft, allgemein anerkannte Fakten. Dabei sei nur auf die unzähligen KZ-Insassen verwiesen, die nach der Befreiung der

---

173 Hans-Georg Kühn, Die Verbrechen der SS-Ärzte im Häftlingskrankenbau des Konzentrationslagers Buchenwald und die hygienischen Bedingungen im Lager, Buchenwaldheft 30, Weimar 1988, S. 18.

174 Siehe S. 25.

175 EM S. 12.

176 EM S. 21 f.

177 Die Tat - Antifaschistische Wochenzeitung, Nr. 28, 19. Juli 1958, S. 2.

Lager so entkräftet waren, dass auch für die Ärzte der Befreiungstruppen keine Möglichkeit zur Rettung mehr bestand.

Allein aus den vorliegenden Aussagen lässt sich auch hier wiederum kein lückenloses Bild rekonstruieren. Die oben angesprochene These František Blahas soll nun in diesem Zusammenhang als Fundament eines weiter gefassten Erklärungsansatzes verwendet werden. Ihr zu Folge sollten die Ärzte der Waffen-SS in den Lagern erste praktische Erfahrungen sammeln. Dies erscheint plausibel, angesichts der Tatsache, dass das Sanitätskorps der Waffen-SS nach 1939 im Grunde noch im Aufbau befindlich war und über zu wenig qualifiziertes Personal verfügte, zumal die ärztlich-akademisch Elite zum Großteil der Wehrmacht angehörte. Viele Ärzte in der Waffen-SS waren, wie Eisele, junge Universitätsabgänger mit geringer Erfahrung im Behandeln von Wunden und Verletzungen. Zumal befand sich die Kriegschirurgie in Anbetracht der Anforderungen der modernen Kriegsführung bereits Anfang 1941 auf dem Weg in eine Krise, die spätestens nach dem Überfall auf die Sowjetunion nachhaltige Folgen zeigen sollte.[178] Auch gibt es Belege dafür, dass die Absolventen der SS-Ärztlichen Akademie Graz regelmäßig Versuchsoperationen an Häftlingen des Konzentrationslagers Dachau durchzuführen hatten.[179] Andererseits kann Eiseles Vorhaben, eine chirurgische Qualifikation zu erlangen, auch aus rein persönlichen Gründen entstanden sein, schließlich verfügten die Chirurgen nicht nur über ein besonders hohes Prestige, sondern hatten auch unter allen ärztlichen Berufen das höchste Durchschnittseinkommen. Im Hinblick auf eine spätere zivile Tätigkeit als Chirurg wäre somit ein plausibles Motiv vorhanden.[180]

Es bleibt zwar eine spekulative Aussage, da nichts über das Bestehen einer Anweisung an die SS-Ärzte in den KZ systematisch ihre Fähigkeiten zu erproben bekannt ist, dass es aber einen Zusammenhang zwischen den Herausforderungen, die durch die Kriegssituation an die Mediziner gestellt wurden und den Menschenversuchen in den KZ gibt, steht außer Zweifel. Von den bisher bekannten Experimenten und Versuchsreihen, die in großem Stil vor allem der militärischen Zweckforschung dienten, unterscheidet sich die hier vorliegende Praxis jedoch

---

178 Angelika Ebbinghaus/Karl Heinz Roth, Kriegswunden. Die kriegschirurgischen Experimente in den Konzentrationslagern und ihre Hintergründe, in: Ebbinghaus/Dörner 2001, S. 181.

179 Ernst Klee, Auschwitz, die NS-Medizin und ihre Opfer, Frankfurt am Main 1997, S. 34.

180 Kater 2001, S. 61.

ebenso deutlich, wie von den bekannten Menschenversuchen zur Untermauerung des rassebiologischen Konzeptes der Nazis.[181] So hat diese These zumindest einen nachvollziehbaren Hintergrund und wäre durch weitere Untersuchungen zu überprüfen.

Einen Beleg dafür, dass Eisele in Buchenwald gezielt Operationspraxis sammelte, liefern eventuell die Dienst- und Operationsbücher des Häftlingskrankenbaus. So wird er im Dienstbuch erstmals am 7. März 1941 als Dienst habender Lagerarzt erwähnt - wodurch gleichsam seiner Aussage widersprochen wird, das Lager im Juni erstmals überhaupt betreten zu haben. Demgegenüber ist er im Operationsbuch sogar schon am 3. Februar eingetragen, was sich bis zum 17. September kontinuierlich fortsetzt. Besonders häufig führte er Bruchoperationen durch. Im Vergleich zum Vorjahr, in dem insgesamt lediglich 14 Brüche operiert wurde, lässt sich durch Eiseles Arbeit ein signifikanter Anstieg feststellen. Zwischen Februar und September führte er demnach 53 Bruchoperationen aus.[182] Dabei habe er Häftlinge, die unter einem Bruch litten, mit der Androhung von Strafmaßnahmen dazu gezwungen, sich von ihm operieren zu lassen.[183] Ein Hinweis darauf, dass Eisele später auch an der Durchführung medizinischer Versuchsreihen in Natzweiler beteiligt war, ergibt sich aus einer anderen Zeugenaussage. Der betreffende Häftling attestiert Eisele zwar einerseits hilfsbereites und humanes Verhalten, sagt aber gleichzeitig aus, er habe *„Typhus-Injektionen"* gegeben.[184]

---

181 Winau 2005, S. 167.

182 Zitiert nach Scherf 1987, S. 229.

183 Ebd. S. 217.

184 IFZ Omgus 17/147-2/1 LD Bl. 2. In dieser Aussage, die im Zusammenhang mit einem Ermittlungsverfahren der Staatsanwaltschaft München gegen Eisele aus dem Jahr 1950 entstanden ist, finden sich darüber hinaus einige interessante Details über Eiseles Dienstzeit in Natzweiler. So habe Eisele dort kaum Zeit im Krankenrevier verbracht, das in der Hauptsache durch Häftlingsärzte geleitet wurde. Diese hätten auch chronisch Kranke „abgespritzt", wobei nicht klar wird, ob sie dies in Eigenregie oder auf Befehl Eiseles taten. Weiter gibt der Zeuge an, mit Eisele vergleichsweise gut bekannt gewesen zu sein, was von diesem wiederum bestritten wird, obwohl ihm in der Aussage bescheinigt wird, wohl nur auf Befehl gehandelt und darüber hinaus mehr als üblich für die Häftlinge getan zu haben. Siehe auch Steegmann 2010, S. 404.

4.5 Massenmord auf Befehl

Der letzte große Tatkomplex, der Eisele zur Last gelegt wird, ist die systematische Ermordung von Tuberkulosekranken, die in Buchenwald im Sommer 1941 begann.[185] Dies muss im größeren Zusammenhang des nationalsozialistischen Euthanasieprogramms gesehen werden, das im Rahmen der Konzentrationslager in erster Linie durch die so genannte Aktion „14 f 13" bekannt wurde. Hinter diesem Aktenzeichen verbarg sich die vollständige Erfassung aller Häftlinge, die auf Grund geistiger oder körperlicher Behinderung, dauerhafter Arbeitsunfähigkeit oder sonstiger Kriterien als „unnötige Belastung" angesehen wurden und ausgemerzt werden sollten. Dabei wurden auch gezielt jüdische Häftlinge der Vernichtung zugeführt. Zu diesem Zweck bereisten Gruppen medizinischer Gutachter die Lager, um dort die Opfer zu selektieren, die anschließend in die verschiedenen Tötungsanstalten gebracht und dort ermordet wurden. In Buchenwald war erstmals Mitte Juni 1941 eine Gutachtergruppe am Werk und suchte insgesamt knapp 200 Häftlinge aus, die im Juli in der Vernichtungsanstalt Sonnenstein vergast werden sollten.[186] Es ist auffällig, dass Eisele diese Aktion, die ihm kaum entgangen sein dürfte, mit keinem Wort erwähnt, da er sie durchaus in das Konzept seiner Selbstentlastung hätte integrieren können.

Die Mordaktion an den Tbc-Kranken steht nun in unmittelbarem Zusammenhang mit dem Eintreffen zweier Transporte mit zum Großteil kranken oder invaliden Häftlingen aus Dachau im Juli 1941, mit denen mehr als 2000 Menschen nach Buchenwald gebracht wurden. Aus der Sicht eines ehemaligen Pflegers im Krankenbau, geschah im Anschluss daran folgendes:

> „Im Lager hatten wir eine große Aktion, wir hatten einen sog. Invalidentransport erhalten, von Dachau erhalten, und das Lager war voll dieser Menschen. Es setzte dann im Juli 1941 eine Aktion ein, die ausschließlich von Dr. Eisele bewerkstelligt wurde. Die Häftlinge, bei denen man dem Aussehen nach auf Tuberkulose schließen konnte oder schloß, wurden, wenn sie sich zur Behandlung im Revier meldeten, zur Behandlung aufgenommen und

---

185 Vgl. S. 1 und S. 27.

186 Gedenkstätte Buchenwald 1999, S. 124. Vgl. ebenso die Aufzeichnungen des 14 f 13 -Arztes Friedrich Mennecke in:Götz Aly (Hg.) Biedermann und Schreibtischtäter: Materialien zur deutschen Täterbiographie, Berlin 1987, S. 67-123.

> durch Evipan Spritzen getötet. [...] Die Zahl kann ich nicht genau angeben, aber es könnte die Zahl von 500 erreicht haben."[187]

Dass Eisele diese Aktion in seinem Memorandum ebenfalls erwähnt, wurde bereits gesagt. In seiner Fassung erhielt er am 20. Juli von Kommandant Koch den Auftrag, alle Tbc-Kranken im Lager zu erfassen. Dabei habe er 300-400 Häftlinge untersucht und anschließend für die Tuberkulösen einen Therapieplan aufgestellt und teilweise auch mit der Behandlung begonnen, die in eigens dafür eingerichteten Räumlichkeiten stattgefunden habe. Dann jedoch sei ihm von Koch der Befehl zur „Sonderbehandlung" der Häftlinge gegeben worden, wogegen er sich jedoch erfolgreich geweigert habe.[188] Dieser Darstellung widersprechen etwa Häftlingsaussagen, in denen es heißt, Eisele habe aus Furcht vor Ansteckung die besagte Tbc-Station nie betreten, so dass dort gezielt Häftlinge vor dem Zugriff der SS versteckt wurden.[189]

Für die anschließende Durchführung der „Sonderbehandlung" macht Eisele nun Waldemar Hoven verantwortlich, was dieser ihm gegenüber bei einem Treffen während der gemeinsamen Haft in Dachau auch zugegeben habe. Dabei habe Hoven ebenfalls eingestanden, ihm die Verantwortung für den Massenmord gezielt in die Schuhe geschoben zu haben, da er mittlerweile bereits nach Natzweiler abkommandiert worden war. Eisele sah sich somit als Opfer eines Komplotts, das Hoven gemeinsam mit der ihm nahe stehenden Clique der kommunistischen Funktionshäftlinge ausgeheckt habe.[190] Diese wollten ihn loswerden, da sie durch ihn ihren Einfluss auf dem Revier bedroht sahen. Demgegenüber steht nicht nur die Vielzahl der Zeugen, bei denen es sich keineswegs nur um ehemalige politische Häftlinge handelt und deren Angaben teilweise äußerst detailliert sind. Ihnen ist zu entnehmen, dass die über mehrere Wochen ins Krankenrevier eingelieferten Tuberkulosekranken regelmäßig, nach einem fest gefügtem Ablauf, in Gruppen von je 30-40 Personen von Eisele persönlich umgebracht wurden. Auch die Statistik über die Totenzahlen, die ab Mitte Juli einen auffälligen Anstieg verzeichnet und nach Eiseles Weggang im September wieder sinkt, belastet ihn.[191] Nimmt man diese Belege zusammen, so wurden in diesem Zeit-

---

187 Gedenkstätte Buchenwald 1999, S. 126.

188 EM S. 18 ff.

189 David A. Hackett (Hg.), Der Buchenwald-Report: Bericht über das Konzentrationslager Buchenwald bei Weimar, München 1996, S. 248.

190 EM S. 29.

191 Scherf 1987, S. 230.

raum 300 bis 500 Häftlinge liquidiert. Diese Mordaktion lässt sich abschließend als typisches Ergebnis einer Überforderung der Infrastruktur des Lagers interpretieren. So führten die Einlieferungen großer Häftlingstransporte mit einer gewissen Gesetzmäßigkeit zu einer Intensivierung des Terrors und zur Eliminierung größerer Häftlingsgruppen.[192] Ähnliche Folgen hatten, zumindest wenn man beim Beispiel Buchenwald bleibt, die massenhaften Neuzugänge im Anschluss an die so genannte Reichskristallnacht im November 1938 oder im Zuge des deutschen Überfalls auf die Sowjetunion im Herbst 1941. Dabei kam es in der Regel nicht zu individuellen Exzesstaten, sondern zu organisierten und von der Lagerleitung gelenkten Massenmorden, bei denen die einzelnen Täter nicht spontan und auf Grund persönlicher Motive mordeten, sondern gemäß ihrer jeweiligen Funktion und nach entsprechenden Befehlen.

Zusammengefasst ergibt sich nun auf Grund der Zeugenaussagen das vollkommene Gegenbild zu Eiseles Selbstdarstellung. Die Perspektive der Häftlinge lässt Eisele als einen typischen Vertreter der SS-Ärzteschaft erscheinen, mit Tendenzen zu überdurchschnittlicher Grausamkeit. Es wird ihm bescheinigt, nur mit geringen medizinischen Fähigkeiten ausgestattet gewesen zu sein, die er durch experimentelle Operationen zu vervollkommnen suchte. Dadurch habe er zahlreichen Häftlingen dauerhafte Qualen oder sogar den Tod gebracht. Darüber hinaus sei er immer wieder durch direkte körperliche Aggression den Häftlingen gegenüber aufgefallen, habe brutal Prügel ausgeteilt und sich an dem Leid der Häftlinge öffentlich ergötzt, auch wenn in seinem Beisein Lagerstrafen vollzogen wurden: *„Als Sadist war Eisele mit Wollust bei der Vollstreckung der Prügelstrafe dabei; auch dann, wenn er nicht ausdrücklich als Lagerarzt mit teilnehmen musste."*[193] Er habe nach bestimmten, scheinbar persönlich motivierten Kriterien, Häftlinge ausgesucht und mit Hilfe von Injektionen ermordet. Schließlich habe er sich als funktionierender Teil des Lagersystems erwiesen, indem er die anbefohlene Mordaktion an den Tuberkulosekranken plante und durchführte.

Diese mörderische Persönlichkeit wird somit der von ihm selbst propagierten Persönlichkeit des letzten Endes hilflosen Gutmenschen, der verzweifelt versucht etwas Humanität in die grausame und chaotische Wirklichkeit der Lager zu bringen, gegenübergestellt. Seine Version fand

---

192 Harry Stein, Funktionswandel des Konzentrationslagers Buchenwald im Spiegel der Lagerstatistiken, in: Herbert/Orth/Diekmann 1998, S. 170.

193 Vgl. Anm. 149.

allerdings auch Bestätigung in mehreren Aussagen ehemaliger Häftlingen, darunter zahlreiche Priester, für die Eisele sich offenbar so stark engagiert hatte, dass sie zum Teil sogar angaben ihm ihr Leben zu verdanken.[194] Ein anderer Häftling, der behauptete, sehr gute persönliche Beziehungen zu Eisele gepflegt zu haben, wird in einem Gnadengesucht zitiert, das Eiseles Schwester im August 1948 an das Judge Advocate Headquarters schickte:

> „Dr. Eisele has never killed a human being. His treatment of the patients was absolutely correct and many of them owe their life to him. [...] We often talked together about our families and on such occasions I could ascertain that Dr. Eisele was an affectionate, loving and solicitous husband and family man."[195]

4.6 Unlösbare Widersprüche?

Hier kommt eine Widersprüchlichkeit zum Ausdruck wie sie für die Angeklagten in NS-Prozessen häufig symptomatisch ist und wie sie durch einzelne Aussagen, die versuchen Eiseles Wesen zu charakterisieren, nochmals pointiert wird. So bescheinigte ihm der bereits erwähnte Weimarer Apotheker ein *„höflicher, bescheidener und vornehmer Mensch"* zu sein.[196] Zeitzeugen aus seiner Heimatstadt Donaueschingen hingegen sprachen davon, dass er eine *„Angst einflößende"* Ausstrahlung besessen habe.[197] In den Augen des Dachau-Häftlings Blaha ist sein Auftreten *„rau"* und *„bäuerlich"*.[198] Aussagen dieser Art könnten also in der Tat darauf hinweisen, dass Eiseles Verhalten Häftlingen gegenüber sich an deren Stellung innerhalb seiner persönlichen Werteskala orientierte, gemäß welcher er beispielsweise Juden, „Zigeuner" oder Kommunisten in Übereinstimmung mit der offiziellen Ideologie schlecht, die besagten Priester hingegen gut behandelte. Dies könnte eine Erklärung für die fundamental gegensätzlichen Aussagen sein, die ihm die Symptome einer gespaltenen Persönlichkeit zusprechen. Michael Phayer spricht in Bezug auf ihn sogar von einer *„Jeckyll-and-Hyde personality"*.[199] Auch zeigt es sich, dass sich in Eiseles Fall die Schilderungen von Exzess- und Initia-

---

194 Siehe dazu sowohl: Phayer 2000, S. 141 und Scherf 1987, S. 219.

195 IFZ, OMGUS 1948/140/2, AG, Bl. 4.

196 Schley 1999, S. 95.

197 Dieser Hinweis basiert auf Gesprächen mit Zeitzeugen, die Dr. Volkhard Huth im Zuge seiner Arbeit zur Stadtgeschichte im Lauf der Achtziger Jahre führte.

198 Vgl. Anm. 138.

199 Phayer 2000, S. 139.

tivtaten mit Befehlstaten überschneiden, was ein einheitliches Täterprofil zwar ausschließt, gleichzeitig jedoch die These von der individuell bedingten Dynamik der nationalsozialistischen Vernichtungspolitik bestätigt.[200]

Sein Memorandum nutzte Eisele zu einer geschickten Kritik an den Belastungszeugen, indem er sich bemühte, deren Aussagen zu entkräften. Dabei griff er beispielsweise spezielle medizinische Details auf, etwa die Wirkung oder das Aussehen von Medikamenten betreffend, um sie zu widerlegen. Er machte sich in diesem Zusammenhang den Umstand zu Nutze, dass vor Gericht kein medizinischer Sachverständiger gehört worden war und er somit seine neutral formulierte Expertenmeinung den laienhaften Angaben der Zeugen gegenüber stellte. Pauschal behauptete er, keiner der Zeugen habe mit eigenen Augen gesehen wie er einen Menschen ermordete. Aus Feindschaft ihm gegenüber hätten sie die Verhandlung dazu genutzt, durch ihre Aussagen *„in tendenziöser und böswilliger Absicht eine Belastung"* zu konstruieren. Es seien in erster Linie so genannte „Berufszeugen" aufgetreten, die nur auf Grund der damit verbundenen Vorteile aussagten.[201] Damit bestärkte er einmal mehr seine Position als Opfer einer umfassenden Verschwörung, die das Ziel habe, ihn an den Galgen zu bringen. Dennoch soll dies zum Anlass genommen werden, die eingangs zusammengefasste Problematik der Zeugenschaft in NS-Prozessen in diesem speziellen Fall kritisch zu untersuchen.

Die dort angesprochenen Schwierigkeiten finden sich sämtliche wieder: zum Teil widersprüchliche und unklare oder gar nachweislich falsche Angaben, die Vermischung von selbst Gesehenem und aufgeschnappten Meinungen und keine anderen eindeutigen Beweise oder Dokumente zur Überprüfung dieser Aussagen. Als besonders prägnantes Beispiel dafür kann die Schilderung Ernst Haberlands dienen. Haberland, als Kommunist in Buchenwald inhaftiert, litt im April 1941 unter einer akuten Blinddarmentzündung. Da es Sonntag war und die SS-Ärzte dienstfrei hatten, beschloss Walter Krämer die Operation selbst durchzuführen.

> „Zuständiger Arzt für die Operation wäre der berüchtigte Mörder Dr. Eisele gewesen. Kurze Zeit zuvor war ich ihm begegnet, und er würde sich gewiß noch daran erinnern. Ich hatte für ihn ein Fotoalbum anfertigen lassen müssen. Als ich es ablieferte, traf ich ihn auf dem Hof des Krankenbaus. Dort hatten sich gerade

200 Jäger 1982, S. 21.

201 EM S. 44.

sieben Häftlinge gemeldet, die er zum ‚Abspritzen', wie die SS die Morde durch die Ärzte nannte, bestellt hatte. Eisele schrieb sich, wenn er durch das Lager ging, mit Vorliebe die Nummern von Häftlingen auf, die körperlich sehr geschwächt waren, und bestellte sie für den nächsten Tag zum Krankenbau. Dort eröffnete er ihnen scheinheilig lächelnd, er wolle ihnen helfen. Er ließ sie aufnehmen, und dann beförderte sie dieser Mediziner mit einer Spritze in den Tod. Als er sich an jenem Tag an seinen Todeskandidaten ergötzt hatte, kam er auf mich zu. Ich übergab ihm das Album. Statt sich zu bedanken, äußerte er zynisch lächelnd, er werde das einmal gutmachen. Mir war klar, was er damit meinte, und ich dachte: Dem darfst du nicht unter das Messer geraten!"[202]

Nach der erfolgreichen Operation, kam es zu einer erneuten Begegnung mit Eisele:

> „Am nächsten Tag kam Walter mit Eisele durch den Krankensaal zur Visite. Als sie an mein Bett traten, wollte Eisele wissen, warum ich hier lag. Walter erklärte ihm, die Operation sei dringend gewesen. Eisele war anzusehen, daß ihm das gar nicht recht war. Nach dieser Visite sagte mir Walter, ich solle zusehen, so schnell wie möglich aus dem Krankenbau zu verschwinden, da Eisele auf mich aufmerksam geworden wäre."[203]

Für sich genommen, hält diese dramatische Darstellung einer kritischen Hinterfragung nur bedingt stand. Die stereotypen Vorwürfe, die Haberland hier gegenüber Eisele äußert, hat er offenbar von anderen übernommen. Dementsprechend müssen seine Aussagen bezüglich einer Bedrohung seines Lebens durch Eisele als Mutmaßungen gewertet werden. Auch wenn dies am Wahrheitsgehalt nichts ändern muss, so demonstrieren Aussagen dieser Art, wie sich aus Gerüchten und der daraus abgeleiteten Interpretation der eigenen Beobachtungen ein subjektiver Gesamteindruck formt, der durchaus zutreffend sein kann, aber wenig tatsächliche Beweiskraft aufweist.

Was nun wiederum gegen Eiseles Behauptung eines kommunistischen Komplotts spricht, ist zum einen die Vielzahl der Aussagen, deren Tendenz und deren Inhalte im Wesentlichen übereinstimmen und die Tatsache, dass keineswegs alle Belastungszeugen Kommunisten waren, sondern auch anderen Häftlingskategorien zuzuordnen sind.[204] Sodann konnten bei den Recherchen zu dieser Arbeit zahlreiche Aussagen aus-

---

202 Ernst Haberland, Der Pelerinenmann, Berlin 1980, S. 168 ff.

203 Ebd. S. 170.

204 Scherf 1987, S. 228.

findig gemacht werden, die noch sehr viel später, bis in die sechziger Jahre hinein, zustande gekommen sind, also teilweise zu einem Zeitpunkt da Eisele bereits außer Landes war und ihm durch eine erneute Anklage kein unmittelbarer Schaden drohte. Weiter gibt es durchaus ehemalige Häftlinge, die versicherten, ihn mit eigenen Augen morden gesehen zu haben, wobei hier wiederum keine Überprüfung des Wahrheitsgehaltes vorgenommen werden kann. Was jedoch überprüft werden konnte, ist die Art und Weise wie die Zeugen, die gegen Eisele aussagten, sich in anderen NS-Prozessen verhielten. Dabei konnte zwar nicht allen namentlich bekannten Zeugen nachgespürt werden, jedoch immerhin einer Gruppe von Belastungszeugen, deren Aussagen von erhöhter Wichtigkeit waren.

Als Ergebnis zeigte sich dabei bei aller Vorsicht, dass die Zeugen, die Eisele der Verleumdung bezichtigte, mit ihren Anschuldigungen anderen ehemaligen SS-Angehörigen gegenüber tendenziell stets sehr zurückhaltend waren. Es entsteht in keinem Fall der Eindruck, die ehemaligen Häftlinge seien besonders bemüht gewesen, die jeweiligen Angeklagten, meist Mitglieder der Wachmannschaften, um jeden Preis zu belasten. Häufig bringen die Zeugen offen zum Ausdruck, keine klaren Angaben machen zu können, etwa indem sie direkt darauf hinweisen, bestimmte Sachverhalte nur aus zweiter Hand wiedergeben zu können. Im Spiegelbild dieser etwas weiter gefassten Quellenauswahl erscheinen die Zeugen erstaunlich objektiv, teilweise sogar wohlwollend, wenn sie von sich aus einzelne positive Aspekte der Angeklagten ansprechen. Objektivität überwiegt eindeutig ein nach Vergeltung strebendes Aussageverhalten, so dass das Gros der Aussagen als glaubwürdig gelten kann. Gerade die immer wieder vorzufindende Differenzierung in diesen Quellen, durch die gezielt einzelne SS-Männer für ihr menschliches Verhalten hervorgehoben wurden, spricht gegen Eisele. Umgekehrt wird gerade der von Eisele als einer der Drahtzieher der angeblich gegen ihn gerichteten Verschwörung bezeichnete Waldemar Hoven, trotz seiner nachweislich intensiven Kontakte zur Führungsgruppe der Kommunisten in Buchenwald, von zahlreichen Zeugen als eiskalter Mörder gebrandmarkt.[205] Das überlebenswichtige Paktieren mit der SS hatte nach Kriegsende offenbar ein rasches Ende gefunden.

---

205 Kogon 1946, S. 145.

Es ist insofern kaum vorstellbar, dass eine auf so breiter Front vorgetragene Anklage wie die gegen Eisele das alleinige Ergebnis einer Intrige sein könnte. Somit hätte er tatsächlich die ganze Bandbreite der Vorwürfe erfüllt, die den Lagerärzten gemacht wurden: Die Durchführung medizinischer Versuche und experimenteller Operationen, eventuell primär zu seiner eigenen Weiterbildung, die Selektion arbeitsunfähiger Häftlinge und deren anschließende Ermordung durch Injektionen und die Beaufsichtigung von Lagerstrafen und Hinrichtungen.[206]

206 Bromberger/Mausbach 1985, S. 221, 223, 229.

5 - Vor Gericht

5.1 Die Dachauer Prozesse und das US-War Crimes Program

Im vorhergehenden Kapitel wurde das zuvor verfolgte Schema der chronologischen Abhandlung der einzelnen Stationen im Leben Hanns Eiseles insofern unterbrochen, als die dort zusammengefassten Aussagen sich zwar auf seine Zeit in den Konzentrationslagern beziehen aber aus ganz verschiedenen Kontexten stammen und über einen längeren Zeitraum entstanden sind. Um nun wieder den Bogen zur biographischen Linie zu schlagen und gleichzeitig den Kontext zu schildern, in dem ein großer Teil der ausgewerteten Zeugenaussagen entstanden ist, sollen im Folgenden die sogenannten Dachauer Prozesse beschrieben werden. Dies erscheint besonders angebracht, da die Dachauer Prozesse aus dem öffentlichen Bewusstsein weitgehend verschwunden sind und durch die herausragende Bedeutung und Gewichtung des Internationalen Militärtribunals in Nürnberg mit den dort verhandelten prominenten Fällen in den Hintergrund gedrängt wurden.

Während der Konferenz von Jalta im Februar 1945 hatten die Alliierten u. a. die Ahndung der deutschen Kriegsverbrechen beschlossen. In welcher Form dies geschehen sollte, war zu diesem Zeitpunkt jedoch noch offen gelassen worden. Konkret in der Diskussion war dieses Vorhaben spätestens seit dem Sommer 1944, als die deutsche Niederlage absehbar geworden war aber bereits in der Moskauer Deklaration vom Oktober 1943 war eine entsprechende Absicht formuliert worden.[207] Erste Pläne sahen dabei offenbar als einleitende Maßnahme die standrechtliche Erschießung einer größeren Zahl von Verantwortungsträgern aus Partei- und Staatsapparat, sowie aus den einzelnen militärischen Formationen vor. Demgegenüber setzte sich jedoch unter anderem durch den Einfluss des amerikanischen Kriegsministers Stimson die Ansicht durch, statt summarischer Hinrichtungen Prozesse zu führen, in denen die Verbrechen der Nazis vor der Weltöffentlichkeit ausgebreitet werden sollten. Eine besondere Dynamik erhielt diese Entwicklung, nachdem die ersten KZ durch amerikanische und britische Truppen befreit worden waren und die Dimensionen aber vor allem auch die grausamen Einzelheiten

207 Frank M. Buscher, The U.S. War Crimes Trial Program in Germany, 1946-1955, Connecticut 1989, S. 9f.

des nationalsozialistischen Völkermords in aller Schonungslosigkeit bekannt wurden.

Die Details für die Durchführung der Prozesse wurden anschließend im Londoner Abkommen vom August 1945 festgelegt. Da hier auch vorgesehen war, dass etwa die Ausübung eines Parteiamtes oder die Zugehörigkeit zu einer als verbrecherisch eingestuften Organisation wie SA oder SS automatischen Arrest bedeuteten, wurden in der Folgezeit hunderttausende Deutsche verhaftet. Damit gerieten nun auch zahlreiche gerade erst befreite Konzentrationslager wieder in den Fokus des alliierten Interesses, da sie aus der Notwendigkeit so viele Gefangene unterzubringen, zu Internierungslagern umfunktioniert wurden. Davon betroffen waren etwa Buchenwald, Sachsenhausen, Neuengamme und eben auch Dachau, das vom amerikanischen Militärgeheimdienst CIC als „War Crimes Enclosure No. 1" verwaltet wurde.[208] Gleichzeitig ist dies natürlich auch als symbolischer Akt zu werten, durch den die Lager als Zeichen der nationalsozialistischen Unterdrückung in ihrer Bedeutung neu definiert wurden. Die Serie der alliierten Kriegsverbrecherprozesse begann bereits am 17. September 1945 mit dem Prozess gegen Angehörige des Lagerpersonals des KZ Bergen-Belsen vor einem britischen Militärgericht in Lüneburg.[209] Das Internationale Militärtribunal, vor dem die so genannten Hauptkriegsverbrecher angeklagt wurden, folgte am 14. November. Fast gleichzeitig, nur einen Tag später, wurde vor einem amerikanischen Militärgericht in Dachau der Prozess „US vs. Martin Gottfried Weiss et. al." eröffnet, im allgemeinen als „Erster Dachauer Prozess" oder „Dachauer Hauptverhandlung" bezeichnet. Neben Weiss, dem letzten Kommandanten des Lagers, waren 39 weitere ehemalige Mitglieder der Dachauer Lager-SS sowie einige ehemalige Kapos angeklagt, darunter auch Hanns Eisele. Dieses Initial einer langen Prozessreihe, das nach einem Monat bereits abgeschlossen war, drang im Schatten des sich über ein Jahr hinziehenden „Nürnberger Prozesses" nicht nachhaltig ins Bewusstsein der Öffentlichkeit, zumal die hier Angeklagten nicht zu den bekannteren Vertretern des NS-Staates gehörten. Während in Nürnberg mit ungeheurem Aufwand und in bewusst repräsentativer Atmosphäre getagt wurde, fanden die Dachauer Verhandlungen in einem improvisierten Gerichtssaal in einem ehemaligen Lagergebäude statt. So wurden

208 Durch die geheimdienstliche Verwaltung des Lagers, auf Grund derer bislang kein Quellenmaterial für die wissenschaftliche Aufarbeitung freigegeben wurde, ist nur sehr wenig über die Lebensbedingungen dort bekannt. Vgl. Marcuse 2001, S. 69.

209 Jörg Friedrich, Die kalte Amnestie, München 1994, S. 125.

die Bilder aus Nürnberg zu Ikonen, die auch heute noch von ungebrochener medialer Präsenz sind und durch die die intensive und langfristige Tätigkeit des Dachauer Gerichtshofes schnell verdrängt wurde. Bis August 1948 wurden hier insgesamt 439 Fälle verhandelt, in denen insgesamt 1672 Personen angeklagt waren. 1416 von ihnen wurden schuldig gesprochen, davon 297 zur Todesstrafe und 279 zu lebenslanger Haft verurteilt. Allein diese Summen bezeugen somit die Bedeutung der Dachauer Prozesse.

Es wurden dabei drei Stoßrichtungen verfolgt, deren Schwerpunkt die Aufdeckung und Ahndung der in den Konzentrationslagern begangenen Verbrechen war. Durch die öffentliche Verhandlung dieser Gräueltaten sollte der deutschen Bevölkerung die grausame Wirklichkeit des Nationalsozialismus vor Augen geführt werden, um dadurch auf den, besonders von amerikanischer Seite angestrebten, Demokratisierungsprozess einzuwirken. Durch diese Art der Bestrafung von Kriegsverbrechen sollte die Überlegenheit der moralischen Standards einer demokratischen Gesellschaft demonstriert werden.[210] Wesentlich deutlicher als in Nürnberg, wo zur gleichen Zeit die verbrecherischen Absichten der politischen Führung angeklagt wurden, konnten in Dachau die alltäglichen Details des nationalsozialistischen Terrorapparats vorgeführt werden. als so genannte „parent cases" wurden dabei Verhandlungen zu Tatkomplexen in den KZ Dachau, Buchenwald, Flossenbürg, Mauthausen, Nordhausen und Mühldorf geführt, denen sich zahlreiche Verfahren gegen weitere Mitglieder der Lagerverwaltungen und Wachmannschaften anschlossen. Zusammengefasst wurden diese als „mass atrocities - Prozesse". Eine zweite Prozesskategorie waren die so genannten „Fliegerprozesse" in denen es um Misshandlungen oder Tötungen abgeschossener alliierter Kampfpiloten ging. Daneben wurden noch einige Fälle unterschiedlichen Inhalts verhandelt, von denen besonders der Prozess um das Malmédy-Massaker für Schlagzeilen sorgte.[211]

Der frühe Beginn der Prozessserie nur wenige Monate nach Kriegsende spiegelt die hektische Arbeit der damit beauftragten amerikanischen Militärjuristen des „Judge Advocate General Corps" wider. Ebenso die große öffentliche und politische Erwartungshaltung, die angesichts der

210 Buscher 1989, S. 50.

211 Robert Sigel, Im Interesse der Gerechtigkeit. Die Dachauer Kriegsverbrecherprozesse 1945-1948, Frankfurt am Main/New York, 1992, S. 8. Dort findet sich auch eine präzise Darstellung des bürokratischen Apparates, der mit der Durchführung der Prozesse befasst war, die hier nicht wiedergegeben werden soll. Siehe dort S. 16 ff.

Unfassbarkeit der Massenmorde im wahrsten Sinne des Wortes auf einen „kurzen Prozess" drängte.

Dabei stand von Anfang an das Problem im Raum, auf welche Rechtsmittel eine Anklage in dieser hochkomplexen Situation überhaupt zurück greifen konnte. Speziell um die große Zahl der Angeklagten in den einzelnen Prozessen kollektiv erfassen zu können, bedienten sich die verantwortlichen Experten eines dem angelsächsischen Recht entlehnten Anklagevorwurfs, der zwar auch in Nürnberg vorgetragen wurde, in Bezug auf die Konzentrationslagerprozesse jedoch von besonders prägnanter Bedeutung sein sollte und der im Falle Eiseles geradezu Präzedenzcharakter hat. Dabei wurde den Angeklagten die „Verletzung der Gesetze und Bräuche des Krieges in Form der Teilnahme an einem gemeinsamen Plan" vorgeworfen. Die entsprechenden völkerrechtlichen Bezugspunkte waren dabei die Haager Landkriegsordnung und das Genfer Abkommen. Im Detail lautet diese Fassung:

> „Any person without regard to nationality or the capacity in which he acted, is deemed to have committed a crime as defined in paragraph 1 of this Article, if he was (a) a principal or (b) was an accessory to the commission of any such crime or ordered or abetted the same or (c) took a consenting part therein or (d) was connected with plans or enterprises involving its commission or (e) was a member of any organization or group connected with the commission of any such crime or (f) with reference to paragraph 1 (a), if he held a high political, civil or military (including General Staff) position in Germany or in one of its Allies, cobelligerents or satellites or held high position in the financial, industrial or economic life of any such country."[212]

Diese Formulierung der Teilnahme an einem „common design" machte einerseits die juristische Vorgehensweise zwar erst möglich, aber die Tatsache, dass ein solcher Vorwurf im deutschen Rechtsverständnis unbekannt war, erschwerte die Legitimation der Prozesse enorm und trug zu ihrer Diffamierung als „Siegerjustiz" bei. So mussten die Angeklagten nicht zwingend persönlicher Verbrechen überführt werden, sondern konnten allein auf Grund der Tatsache, eine bestimmte Funktion innerhalb eines KZ ausgeübt zu haben, verurteilt werden.[213] Dies zu akzeptieren und nachzuvollziehen, weigerten sich die Angeklagten ausnahmslos.

---

212 www.scrapbookpages.com/DachauScrapbook/DachauTrials/BuchenwaldTrial.html (Zugriff am 05. 07. 2005).

213 Sigel 1992, S. 29.

5.2 Das Dachauer Hauptverfahren und seine Folgen

Als am 15. November 1945 der erste Dachauer Prozess eröffnet wurde, war dieser noch von weiteren juristischen Problemen überlagert. So konnten nur Verbrechen verfolgt werden, die von Deutschen an Staatsbürgern anderer Nationen verübt worden waren. Dazu kam der Aspekt, dass nur Tatbestände untersucht wurden, die nach dem Kriegseintritt der USA, zwischen Januar 1942 und Kriegsende, begangen worden waren. Dies verdeutlicht, mit welcher Vorsicht man dabei von amerikanischer Seite agierte, um nicht den Eindruck zu vermitteln Schauprozesse abzuhalten, sondern allen Ansprüchen demokratischer Rechtsstaatlichkeit zu genügen. Dennoch sollte gerade der hier vorgetragene Anklagepunkt der Teilnahme an Verbrechen im Zuge eines „common design" für Unverständnis sorgen und als Willkürakt interpretiert werden. So formulierte beispielsweise Eisele:

> „Sollte ein ‚gemeinsamer Plan' bestanden haben, gekannt habe ich ihn nie. [...] Wenn dieser ‚gemeinsame Plan' bestanden hat, so habe ich ihn durch mein Verhalten bekämpft und mich außerhalb seiner Aktion postiert, ohne ihn zu kennen."[214]

Aus dieser Aussage spricht das Aufeinanderprallen der Verteidigungsstrategie der Angeklagten, die ebenso wie Eisele die Existenz eines „common design" bestritten und der Absicht der Anklage, das KZ-System als Ganzes zu verurteilen, indem jeder individuelle Beitrag zu seinem Funktionieren als verbrecherischer Akt gewertet wurde.[215] Daraus ergab sich eine weitere Schwierigkeit, die auch von der Verteidigung, vier Angehörigen des JAG und einem deutschen Anwalt, vorgebracht wurde. Sie kritisierten die Tatsache, dass nur vier Verteidiger eine Gruppe von 40 Angeklagten gegen einen Kollektivvorwurf vertreten mussten, was ein individuell angemessenes Vorgehen ungemein erschwerte.[216] Dass diese Bedenken zu Beginn des Prozesses von den Rich-

---

214 EM S. 50.

215 Joshua M. Greene, Justice at Dachau. The Trials of an American Prosecutor, New York 2003, S. 44.

216 An dieser Stelle soll kurz auf die besonders schwierige Rolle der Verteidiger hingewiesen werden, die selbst noch unter dem Eindruck der Horrormeldungen aus den befreiten Lagern standen, aber dazu verpflichtet waren, ihre Verteidigung mit vollem Engagement durchzuführen, um einen fairen Prozess zu gewährleisten. Dass dies wohl auch tatsächlich der Fall war, erschließt sich etwa aus einem Brief des Chefverteidiger Douglas T. Bates an seine Frau, in dem er seine emotionale Verbundenheit mit den Angeklagten beschreibt. U. a.

tern zurück gewiesen wurden zeigt, ebenso wie die überaus schnelle Abwicklung des Prozesses, der bereits am 13. Dezember abgeschlossen wurde, dass diesem ersten Konzentrationslagerprozess vor allem symbolische Bedeutung beigemessen wurde. Es sollte zwar ein ordentliches Verfahren abgehalten werden, die Schuld der Angeklagten stand jedoch von Beginn an nicht zur Debatte. Lediglich das Ausmaß ihrer Beteiligung an dem „common design" war noch festzustellen.[217] Auch die gefällten Urteile bestätigen durch ihre, im Vergleich zu den Urteilen in späteren Prozessen überdurchschnittliche Härte, dass es vor allem um Signalwirkung ging.[218] Alle 40 Angeklagten wurden schuldig gesprochen, 36 von ihnen zum Tode verurteilt, unter ihnen Eisele. Es sollten sowohl so schnell wie möglich Schuldige präsentiert werden, nach denen die Öffentlichkeit verlangte und damit gleichzeitig nachgewiesen werden, dass das KZ-System das Instrument einer geplanten Massenvernichtung war. In den Nachfolgeprozessen fielen die Urteile im Schnitt milder aus, allerdings wurden auch mehrere Todesurteile aus der Dachauer Hauptverhandlung in der Folgezeit revidiert. Um die deutsche Bevölkerung möglichst stark ins Prozessgeschehen einzubinden, wurden zu jedem Prozesstag jeweils rund 300 Bewohner der umliegenden Ortschaften als Zuschauer in den Gerichtsaal bestellt. Gleichzeitig waren amerikanische Soldaten, die akzentfrei Deutsch sprachen, in Zivil unterwegs, um festzustellen, ob sich die Einstellung zum KZ-System unter dem Eindruck der Erkenntnisse, die das Verfahren ans Licht brachte, allmählich änderte.[219]

Die Beweisführung durch die Anklage unterlag nun den gleichen Schwierigkeiten, die sich noch heute bei Nachforschungen über Konzentrationslager ergeben. Da die SS sehr gründlich ihre Akten vor Ort vernichtet hatte, konnten nur wenige schriftlichen Dokumente, darunter einige Totenbücher, Transportlisten, Dienstpläne, etc. als Beweismittel herangezogen werden. Daneben wurden 139 Photos von der Anklage vorgelegt, von denen knapp die Hälfte unmittelbar nach der Befreiung des Lagers entstanden war. Die Hauptstütze von Anklage und von Verteidigung waren die Aussagen der Angeklagten, die im Vorfeld des Prozesses gesammelt worden waren, und die der Zeugen, bei denen es

---

heißt es dort: *„One cannot work night and day with forty men for six weeks, without having a feeling for comradeship."* Entnommen aus Greene 2003, S. 121.

217 www.scrapbookpages.com/DachauScrapbook/DachauTrials/BuchenwaldTrial.html (Zugriff am 07. 07. 2005).

218 Sigel 1992, S. 60.

219 Horace R. Hansen, Witness to Barbarism, St. Paul 2002, S. 117.

sich fast ausschließlich um ehemalige Häftlinge handelte. Da die Zeugen zahlreichen Nationen angehörten und nur die wenigsten Englisch sprachen, mussten sämtliche Verhöre übersetzt werden, was sich in der Durchführung entsprechend schwierig gestaltete. Da eine direkte Kommunikation deswegen meist nicht möglich war, mussten viele Nach- und Zwischenfragen gestellt werden, es kam häufig zu Missverständnissen und das Procedere kann allgemein als schwerfällig beschrieben werden. Bei der Betrachtung von Eiseles Rolle in diesem Prozess, lassen sich dessen besondere Aspekte nochmals pointieren.

Er wurde laut eigener Aussage im Februar 1945 nach Dachau versetzt, sollte sich dort aber nur so lange aufhalten, bis im Raum München eine neue Kampfgruppe aufgestellt werde.[220] Seine Dienstzeit begann demzufolge am 22. Februar 1945 und endete kurz vor Befreiung des Lagers, indem er es *„auf eigene Faust"* verlassen habe.[221] Durch die Anklage konnte ihm kein konkretes Verbrechen innerhalb dieses Zeitraumes nachgewiesen werden. In seiner eigenen Stellungnahme, gab er an, alles Menschenmögliche getan zu haben, um die katastrophalen Zustände des völlig überfüllten Lagers zu bessern. Auch aus den Zeugenaussagen, konnte nur wenig mehr über seine Tätigkeit ermittelt werden. Ein zentraler Punkt der Anklage war seine Anwesenheit bei mehreren Exekutionen, die er selbst in seiner Vernehmung eingeräumt hatte. Aus allen Aussagen diesbezüglich ergab sich, dass er bei mindestens drei Exekutionen zugegen war und anschließend den Tod der Delinquenten festgestellt hatte. Diese Tätigkeit gehörte zu den regulären Pflichten aller im Lager eingesetzten Ärzte und geschah nicht aus eigener Initiative.[222]

Auch im Kreuzverhör kamen keine individuell belastenden Fakten zur Sprache. Die Anklage bemühte sich zwar in Ansätzen, Eisele Versäumnisse bei der Beschaffung von Medikamenten nachzuweisen und ihm damit eine Mitschuld an den miserablen Lebensbedingungen der Häftlinge und der hohen Sterberate zu geben, während er die Verantwortung dafür bei seinem Vorgesetzten Dr. Hintermeyer sah.[223] Sehr viel mehr konnte nicht gegen ihn vorgebracht werden. Auch lag der Schwerpunkt der Ermittlungen gegen die angeklagten Ärzte auf den Druckkammerversuchen Dr. Sigmund Raschers und den Malariaversuchsreihe Dr.

---

220 EM S. 49.

221 Ebd.

222 Siehe dazu etwa: BArch B 162 AR-Z 105/76, Bd. V, Bl. 918 - 944.

223 BArch B 162, LO 243

Claus Karl Schillings, die dieser an über 1000 Dachauer Häftlingen durchgeführt hatte.[224]

Bei Eisele hingegen kam das spezifische Konzept der „common design"-Anklage voll zum Tragen. Das einzige, was ihm nachgewiesen werden konnte, nämlich die Erfüllung der regulären Aufgaben eines Lagerarztes, wozu eben auch die Anwesenheitspflicht bei Exekutionen zählte, wurde als fundamentaler Tatbestand gewertet. Im Sinne der Anklage wurde durch die Ausübung dieser Funktion ein essentieller Beitrag zum Fortbestand des KZ-Systems und des damit verknüpften Vernichtungsvorhabens geleistet. Da das Beisein eines Arztes während einer Exekution vorgeschrieben war, wurde daraus gefolgert, dass die Exekution andernfalls nicht hätte statt finden können.[225] Das Urteil lautete deshalb auf „death by hanging".

Gegen dieses und neun weitere Todesurteile wurde von der Verteidigung ein Überprüfungsantrag eingereicht. Da das amerikanische War Crimes Program als Instrument der Demokratisierung eingesetzt werden sollte, war auch die Möglichkeit der Urteilsrevision eingeplant. Dazu konnte eine „Petition of Review" an verschiedene „Review Boards" eingereicht werden, die daraufhin das Urteil überprüften und eine Empfehlung an den amerikanischen Oberbefehlshaber in Europa aussprachen, der die Entscheidungshoheit darüber hatte, ein Urteil abzuändern. Für Eisele wurde von den Verteidigern ein Freispruch gefordert, da ihm keine Verbrechen nachzuweisen seien und die Existenz eines „common design" von der Anklage nicht habe bewiesen werden können. In dem umfassenden Bericht der Überprüfungskommission, die diesen Antrag bearbeitet, wurde dann jedoch bestätigt, dass die Anklage sehr wohl habe nachweisen können, dass es ein „common design" gegeben habe und dass die Angeklagten davon auch Kenntnis gehabt hätten. Was die einzelnen Angeklagten und das jeweilige Ausmaß ihrer Schuld betraf, wurden jedoch in mehreren Fällen Strafmilderungen empfohlen. Für Eisele schlug der Board vor, die Todesstrafe auf „lebenslänglich" zu reduzieren.[226] Dieser Empfehlung wurde im Januar 1946 entsprochen. In seinem Memorandum, also zu einem Zeitpunkt, als diese Revision bereits statt gefunden hatte, sieht er sich im Vergleich zu zwei anderen Ärzten, die wie er ebenfalls zuerst zum Tode verurteilt worden waren, allerdings schwer benachteiligt. Deren Todesstrafe war auf jeweils 20

---

224 Sigel 1992, S. 71.

225 Greene 2003, S. 102.

226 Ebd. S. 65.

Jahre Haft herabgesetzt worden, wobei beide gleichsam an Exekutionen teilgenommen, dafür aber eine wesentlich längere Dienstzeit in Dachau vorzuweisen hatten. Ein amerikanischer Offizier habe ihm dieses unterschiedliche Strafmaß damit begründet, dass auch seine Tätigkeit in anderen KZ für das Urteil „lebenslänglich" ausschlaggebend gewesen sei. Ein anderer Offizier habe ihm im Februar 1946 anvertraut, auch er könne dieses Urteil nicht verstehen und: *„es wurde unter dem noch frischen Hass gegen die Deutschen gegeben, es wird für Sie bald besser kommen."*[227] Damit wird durchaus die Auffassung bestätigt, dass die im Ersten Dachauer Prozess gefällten Urteile politisch motiviert waren. Diese Tatsache griff er geschickt in seiner Verteidigungsschrift auf, in deren Einleitung es heißt: *„Ich bin mir der Situation bewusst, in der ich heute als Deutscher stehe, dazu als ein Mann, der zum Kriegsverbrecher gestempelt wurde."*[228] Damit greift er die, sich zu diesem Zeitpunkt bereits abzeichnende, Veränderung in der Einstellung zur Ahndung der nationalsozialistischen Gewaltverbrechen auf, die darauf hindeutete, dass die ursprüngliche Härte der Urteile nicht mehr konsequent verfolgt wurde.

Nicht zuletzt die Tatsache, dass Gnadenakte nur durch die Exekutive und nicht auf juristischem Wege erwirkt werden konnten, trugen dazu bei, die Dachauer Prozesse in Misskredit zu bringen.[229] Ebenso stand von Anfang an die Prozessführung nach angelsächsischem Recht und in englischer Sprache in der Kritik, da hierin eine Benachteiligung der Angeklagten gesehen wurde.[230] Vor allem die Hauptstütze der Anklage, die Zeugenaussagen, wurden heftig angegriffen. Da es gängige Praxis war, den Zeugen eine Aufwandsentschädigung zu geben, tauchte bald schon das Schlagwort von „Berufszeugen" auf, die allein aus materiellen Interessen vor Gericht erschienen. Auch Eisele griff dieses Thema auf, unterstützt von einem prominenten Fürsprecher:

> „Dr. Michael Höck, Direktor des Priesterseminars Freising hat persönlich in seinem Schreiben vom 25. 9. 1947 folgendes zum Ausdruck gebracht: ‚...Einige von ihnen schienen mir geradezu als Berufszeugen zu fungieren, d. h. als Leute, die diese Zeugenschaft um der Vorteile willen, die damit verbunden waren (freie Verpflegung, freie Wohnung, Zuteilung von Rauchwaren, kostenlose Kinovorstellungen usw.) auszunutzen verstanden. Mit solchen Zeugen ist natürlich der Auffindung des wahren Sachver-

227 EM S. 4.

228 Ebd. S. 1

229 Buscher 1989, S. 22.

230 Sigel 1992, S. 161.

haltes wenig gedient; denn diese Elemente sind zur Sicherung materieller Vorteile der Verdrehung wahrer Sachverhalte und Verhältnisse fähig, ja sogar der Bekräftigung solcher Aussagen durch Eid, der aber in Wirklichkeit keine Gültigkeit besitzt.'"[231]

Dazu kam seit Mitte 1946 der beginnende Skandal um den Malmédy-Prozess, als zahlreiche Angeklagte behaupteten, während der Verhöre von ihren amerikanischen Bewachern misshandelt worden zu sein.[232] Die während des Nürnberger Prozesses noch hohe Zustimmung der deutschen Bevölkerung zum amerikanischen War Crimes Program war nun bereits merklich gesunken. Sah man in Nürnberg von deutscher Seite aus noch die „wirklich" Schuldigen in Gestalt der nationalsozialistischen Führerclique vor Gericht, so fühlte sich speziell durch die Dachauer Prozesse, deren Ende nicht absehbar schien, die Mitte der Gesellschaft bedroht, zu Unrecht stigmatisiert und in ihrer Opferrolle bestätigt.[233] Die verheerenden Folgen des Krieges wurden als ausreichende Strafe betrachtet. Dementsprechend wurden zahlreiche Gnadengesuche für die in Dachau Verurteilten von allen Seiten eingereicht, die deren guten Charakter betonten und ihre Beteiligung an Gewalttaten bestritten.[234]

Im Sommer 1946 wurden daraufhin Maßstäbe für ein breiter angelegtes Gnadenprogramm festgelegt, die etwa das Verhalten der Verurteilten während ihrer Haft, ihre körperliche Verfassung, familiäre Situation etc. mit berücksichtigen sollten.[235] Die Situation hatte sich also im Vergleich zum Beginn des „War Crimes Program" bereits massiv gewandelt. Auch das Ende des Nürnberger Prozesses am 31. August 1946 löste Kritik aus, die sich auch auf die Dachauer Prozesse auswirken sollte. Da in Nürnberg weder die russischen Kriegsverbrechen 1939 in Polen, noch die amerikanischen und britischen Bombardierungen deutscher Städte thematisiert worden waren, wurde die grundsätzliche Legitimation einer alliierten Gerichtshoheit in Frage gestellt.[236] Auch die geopolitische Lage hatte sich weiter verändert und die Gegensätze zwischen den westlichen Staaten und der Sowjetunion vertieften sich immer mehr, nicht zuletzt

---

231 EM S. 44.

232 Ebd. S. 38.

233 Annette Weinke, Die Verfolgung von NS-Tätern im geteilten Deutschland. Vergangenheitsbewältigungen 1949-1969 oder: Eine deutsch - deutsche Beziehungsgeschichte im Kalten Krieg, Paderborn 2002, S. 27. Ebenso Peter Reichel, Vergangenheitsbewältigung in Deutschland, München 2001, S. 69.

234 Sigel 1992, S. 69.

235 Buscher. S. 51.

236 Greene 2003, S. 231.

durch die unterschiedlichen Standpunkte in der Deutschlandfrage. Als auch der innenpolitische Druck in den USA immer weiter anstieg, wurde das Ende der Dachauer Prozesse auf den 31. Dezember 1947 festgelegt.[237]

5.3 Der Buchenwald-Prozess

Unter diesen Voraussetzungen begann am 11. April 1947, dem zweiten Jahrestag der Befreiung des Lagers, der Dachauer Buchenwald-Prozess unter der offiziellen Bezeichnung, „US vs. Josias Erbprinz zu Waldeck-Pyrmont et. al.“. Der Hauptangeklagte war der für Buchenwald zuständige SS-Obergruppenführer, der die Jurisdiktion über das Lager besessen hatte. Neben ihm waren 30 weitere Personen angeklagt, die in Verbindung zum Lager standen und die aus über 6000 Verdächtigen ausgewählt worden waren. Am 14. August wurde 22 mal die Todesstrafe, fünf mal lebenslänglich und vier Zeitstrafen verhängt. Besondere Publizität erlangte dieser Prozess durch Ilse Koch, die bereits erwähnte Witwe des ehemaligen Lagerkommandanten Karl Koch und die als „Hexe von Buchenwald“ bekannt wurde.[238] Ihr wurde unter anderem vorgeworfen, die Herstellung von Lampenschirmen und anderen Gebrauchsgegenständen aus Menschenhaut angeordnet zu haben. Auf Grund zahlreicher anderer Aussagen, in denen ihre sadistische Persönlichkeit hervorgehoben wurde, stilisierte die Presse sie zum Inbegriff nationalsozialistischer Perversion. Der Skandal erreichte seinen Höhepunkt, als im Lauf des Prozesses bekannt wurde, dass sie, trotz Einzelhaft, schwanger geworden war, den Vater des Kindes jedoch nicht nennen wollte. Das Interesse der Öffentlichkeit richtete sich somit in erster Linie auf die Sensationsmeldungen über Ilse Koch, hinter die das übrige Prozessgeschehen zurück trat.[239]

Besondere Brisanz hatte der Buchenwald-Prozess, da Buchenwald das erste große Konzentrationslager war, das von amerikanischen Truppen befreit worden war. Um diese Eindrücke wieder ins Gedächtnis zu rufen, wurde dem Gericht ein Film vorgeführt, den Angehörige des Signal Corps wenige Tage nach der Befreiung mit dem Regisseur Billy Wilder im Lager gedreht hatten. Die dort gezeigten Bilder, ausgemergelte Häftlinge, Leichenberge und weitere grausame Einzelheiten, wie menschliche Schrumpfköpfe bildeten zusammen mit dem „Buchenwald Report“, der

---

237 Ebd. S. 232.

238 Arthur L. Smith, Die Hexe von Buchenwald: Der Fall Ilse Koch, Böhlau 1995, Pierre Durand, Die Bestie von Buchenwald, Berlin 1986.

239 Greene 2003, S. 243.

in den ersten vier Wochen nach der Befreiung zusammengestellten Dokumentation über die Geschehnisse im Lager, das Fundament der Anklage. Dieser Report griff stark auf die Aufzeichnungen Eugen Kogons zurück, die dieser seit seiner Inhaftierung 1939 systematisch gesammelt hatte und der auch während des Prozesses einer der wichtigsten Zeugen der Anklage war.

Die aus den anderen KZ mittlerweile bekannten Tatkomplexe wurden auch im Buchenwald-Prozess wieder thematisiert: das allgegenwärtige Strafsystem, die brutale Behandlung der Gefangenen bis hin zum willkürlichen Mord, die Mangelernährung bei gleichzeitig härtester Arbeit etc. Besonders herausragend war dabei das „Kommando 99", eine Tarnbezeichnung für den Massenmord an russischen Kriegsgefangenen, der in Buchenwald seit Herbst 1941 verübt worden war.[240] Dadurch wurde einmal mehr deutlich, dass auch die offiziell nicht als Vernichtungslager deklarierten KZ eng mit der nationalsozialistischen Genozidpolitik verbunden waren.

Das Eisele betreffende Prozessgeschehen wurde bereits durch die im vorhergehenden Kapitel wiedergegebenen Zeugenaussagen weitgehend zusammengefasst und soll hier nicht weiter erörtert werden. Interessant ist seine persönliche Einschätzung des Prozesses, in der er den Zeugen jegliche Glaubwürdigkeit abspricht und gleichzeitig die Überzeugung vertritt, *„dass am Ende des Buchenwald-Prozesses auch der Chefankläger, Mr. Denson, von der Haltbarkeit der Anklage nicht mehr völlig überzeugt war."*[241] Dabei übersah er die Tatsache, dass es gerade auf William Densons Initiative zurück zu führen war, dass Eisele überhaupt ein zweites Mal vor Gericht gestellt wurde und dabei aus immerhin 6000 Verdächtigen gezielt ausgewählt wurde, offenbar mit der Absicht, eine weitere Todesstrafe für ihn zu erwirken, nachdem das erste Urteil bereits herabgesetzt worden war. Und es gibt Hinweise, dass gerade Eisele für Denson zum Musterbeispiel dafür wurde, wie menschliches Verhalten sich den Strukturen der Konzentrationslager anpasste. So sprach er wohl noch Jahre später von ihm als einem Menschen, der vor dem Krieg ein anständiges

240 Siehe zu diesem Tatkomplex Gedenkstätte Buchenwald 1999, S. 121.

241 EM S. 45.

Leben geführt habe, der sich dann schrittweise den im Lager herrschenden Bedingungen angepasst habe und darüber zum Mörder geworden sei.[242]

5.4 Begnadigung

Als Eisele sein Memorandum im Anschluss an den Buchenwald-Prozess verfasste, befand er sich in folgender Situation: Er war in zwei Verfahren zum Tode verurteilt worden und saß nun im Kriegsverbrechergefängnis Landsberg ein, wo er seine Hinrichtung erwartete, die für den 28. Juni 1948 angesetzt war.[243] Er hatte allerdings durch die Herabsetzung seiner Strafe aus der Dachauer Hauptverhandlung die Erfahrung gewonnen, dass eine offensive Verteidigung durchaus Erfolg haben konnte. Dazu kam die Tatsache, dass er wie bereits erwähnt, zahlreiche Fürsprecher hatte. Unter anderem setzte sich der damalige Direktor der Caritas, Heinrich Auer, zusammen mit anderen hochrangigen Vertretern der katholischen Kirche stark für ihn ein.[244] Dieses individuelle Engagement deckt sich mit dem gängigen Befund, dass es gerade die Kirchen waren, die sich, repräsentiert durch Persönlichkeiten wie Martin Niemöller, zu Wortführern der Amnestiebewegung gemacht hatten.[245]

Angeblich hatte auch der Mann von Eiseles Schwester, ein wohlhabender Gastronom aus Florida, gute Verbindungen in die Politik, so dass auch von dieser Seite aus seine Gnadengesuche unterstützt wurden.[246] Dennoch wurde das Todesurteil aus dem Buchenwald-Prozess bei einer ersten Überprüfung am 5. März 1948 nicht abgemildert und am 8. Juni 1948 erneut bestätigt.[247] Erst kurz vor seiner Hinrichtung hatten die verschiedenen Interventionen doch noch Erfolg. General Clay wandelte das Todesurteil auf Empfehlung des War Crimes Board in eine lebenslängliche Haftstrafe um. Die so genannte Simpson-Kommission, die seit Mitte des Jahres alle noch nicht vollstreckten Todesurteile der Dachauer Prozesse parallel dazu überprüfte, empfahl sogar eine Reduzierung der Haft auf zehn Jahre.[248] Bei der Urteilsreduzierung auf lebenslänglich, wurde

---

242 Greene 2003, S. 97.

243 Phayer 2000, S. 141.

244 Ebd. Siehe auch: Ernst Klee, Persilscheine und falsche Pässe: Wie die Kirchen den Nazis halfen, Frankfurt am Main 1991, S. 126.

245 Reichel 2001, S. 70.

246 Süddeutsche Zeitung, 9. Juli 1958, S. 3.

247 Sigel 1992, S. 65.

248 Ebd. S. 146.

daher ausdrücklich eine spätere, erneute Revision des Urteils in Aussicht gestellt, zumal Eisele eine ausgezeichnete Führung bescheinigt wurde. Am 3. Oktober 1950 setzte der neue amerikanische Oberkommandierende General Thomas T. Handy Eiseles Strafe aus dem Buchenwald-Prozess schließlich auf zehn Jahre herab. Das Urteil aus dem Dachauer Prozess wurde vollständig aufgehoben. Am 19. Februar 1952 erfolgte dann die vorzeitige Entlassung aus der Landsberger Haft.[249]

Geht diese Begnadigung zwar wohl in erster Linie auf die Einflussnahme verschiedener Personen aus Eiseles Umfeld zurück, so ist sie auch ein deutlicher Spiegel der sich rapide verändernden politischen Verhältnisse, in der ein Ende der Verfolgung von Kriegsverbrechen und die Wiedereingliederung der mittlerweile meist als „Kriegsverurteilte" bezeichneten Personen in die Gesellschaft der jungen Bundesrepublik gefordert wurde. Bundeskanzler Adenauer selbst beförderte diesen Trend noch, indem er die Männer in alliierter Haft in „wirkliche Verbrecher" bzw. „asoziale Elemente" und „Opfer der Kriegswirren" einteilte.[250] Ein erster Schlussstrich wurde durch den Erlass des Straffreiheitsgesetzes von 1949 gezogen, das eine große Zahl nationalsozialistischer Verbrechen von der juristischen Verfolgung ausnahm, ein weiterer bedeutsamer Schritt war die schrittweise Wiedereingliederung der nach 1945 zwangsweise entlassenen Beamten, der nach dem entsprechenden Grundgesetzartikel benannten „131er".[251] Später sollte die „Gehilfentheorie", die Hitler, Himmler, Heydrich etc. als die eigentlichen Urheber des Holocaust sah, dazu führen, dass das Heer der NS-Täter fast ausnahmslos nur noch wegen Beihilfe zum Mord angeklagt werden konnte. Da seit Beginn des Korea-Krieges auch die deutsche Wiederbewaffnung unmittelbare Priorität erlangt hatte, wurde die militärische Elite der bewaffneten Formationen des Dritten Reichs wieder zu einem einflussreichen politischen Faktor und forderte als unverzichtbare Gegenleistung für einen deutschen Wehrbeitrag die Entlassung und Rehabilitierung der inhaftierten Kameraden.[252] Damit sollte auch eine Wiederaufwertung der Reputation von Wehrmacht, SA und Waffen-SS einher gehen. Dass die Weichen auch tatsächlich in diese Richtung gestellt wurden, ist ein gewichtiger Faktor dafür, dass es in den kommenden Jahren nicht zu einer umfas-

249 Ebd. S. 66.

250 Herbert 2004, S. 21.

251 Norbert Frei, Vergangenheitspolitik - Die Anfänge der Bundesrepublik und die NS-Vergangenheit, München 1997, S. 29 und S 100.

252 Marcuse 2001, S. 123.

senden juristischen Aufarbeitung der Verbrechen des deutschen Militärs kommen konnte.[253]

An dieser Stelle soll nun jedoch noch einmal der Blick auf Eiseles eigene Verteidigung gerichtet werden, die auch im Jahr 1947 schon die Stimmung der Zeit gut erfasste und instrumentalisierte. So schreibt er über die Zustände in Buchenwald:

> „Es war der Kampf der Kommunisten um die Macht im Lager. Es war der Machtkampf von Vertretern einer Ideologie, die heute bedrohlicher als je zuvor an die Tore Europas und der gesamten zivilisierten Welt pocht."[254]

Noch deutlicher greift er diese Bedrohung durch den Kommunismus etwas weiter unten auf:

> „Vielleicht gibt es noch viele, die die Wahrheit nicht hören wollen. Sie werden sie sehen, wenn unter dem blutigen Banner des Sowjetsterns das verschwunden ist, was die Stürme des letzten Krieges verschont haben."[255]

Angesichts der immer deutlicher werdenden Differenzen zwischen den Westmächten und der UdSSR und der drohenden militärischen Konfrontation schienen diese Worte spätestens seit der Berlin-Blockade vom Sommer 1948 einen äußerst realen Hintergrund zu haben. Auch sein umfassender Angriff auf die gegen ihn auftretenden Zeugen trug mit Sicherheit dazu bei, dass zumindest Zweifel am Wahrheitsgehalt ihrer Aussagen gesät wurden.

Während der Schwerpunkt der alliierten Interessen also nunmehr auf der Bedrohung aus dem Osten lag, erlahmte auch die bundesdeutsche Verfolgung nationalsozialistischer Straftaten zusehends. Seit 1950 ging die Zahl der eingeleiteten Verfahren vor deutschen Gerichten rapide zurück, amerikanische Meinungsumfragen verzeichneten ein hohes Maß an Missbilligung der von alliierten Gerichten verhängten Haftstrafen. Selbst die Nürnberger Prozesse, die anfänglich hohe Zustimmung unter den Deutschen gefunden hatten, wurden nun im Nachhinein mehrheitlich abgelehnt.[256] Besonders die noch zu vollziehenden Todesurteile sorg-

---

253 Perels 2004, S. 369.

254 EM S. 51.

255 Ebd.

256 Marc von Miquel, Ahnden oder Amnestieren? Westdeutsche Justiz und Vergangenheitspolitik in den sechziger Jahren, Göttingen 2004, S. 146 und Ulrich Brochhagen, Nach Nürnberg. Vergangenheitsbewältigung und Westintegration in der Ära Adenauer, Hamburg 1994, S. 35.

ten immer wieder für offenen Protest, der sich auch in den Wahlerfolgen rechtsgerichteter Parteien wie der Sozialistischen Reichspartei ausdrückte.[257] In den etwa zeitgleich laufenden Verhandlungen zum Deutschlandvertrag gestaltete sich die Kriegsverbrecherfrage als einer der am härtesten diskutierten Punkte, obwohl die Zahl der Inhaftierten in den alliierten Gefängnissen Landsberg, Werl und Wittlich durch weitere Entlassungen immer weiter schrumpfte.[258] Die letzten „Landsberger" wurden schließlich 1956 entlassen, die letzten Todesurteile waren im Juli 1951 vollstreckt worden.[259]

Die unbeliebten Entnazifizierungsverfahren waren schon seit Ende der vierziger Jahre immer mehr zu einer reinen Formsache geworden, wofür Eisele selbst ein gutes Beispiel liefert.[260] Kurz vor seiner Haftentlassung beantragte er bei der württembergischen Spruchkammer in Freiburg seine Entnazifizierung. Das Verfahren wurde von der zuständigen Stelle mit folgender Begründung, in Bezug auf seine Verurteilungen in Dachau, allerdings prompt wieder eingestellt:

> „Man wird die Überzeugung nicht los, dass die Verurteilung im wesentlichen darauf beruht, dass der Betroffene Lagerarzt in Konzentrationslagern war. Schon die fortgesetzte Milderung spricht dafür; zunächst Todesstrafe, dann lebenslängliche Haft und schließlich zehn Jahre Haft. Die entlastenden Zeugnisse, die sich allerdings nur auf die Zeit vor seiner Tätigkeit als Lagerarzt beziehen, schildern den Charakter des Betroffenen sehr gut, und es ist nicht anzunehmen, dass sich seine geistige Haltung so verändert hat, dass ihm Verbrechen gegen die Menschlichkeit zuzutrauen sind. Für seine Tätigkeit als Lagerarzt hat er durch die Inhaftierung und die schweren Urteile hart gebüßt. Das Verfahren war deshalb einzustellen."[261]

Diese lapidare Einschätzung zeigt, wie unwirklich die Realität der Lager zu diesem Zeitpunkt bereits geworden war. Die Urteile der amerikanischen Militärgerichte werden als ungerechtfertigt angesehen und die Möglichkeit, ein Mensch mit offenkundig gutem Charakter könne zum Mörder werden, wird schlicht nicht in Betracht gezogen.

---

257 Brochhagen 1994, S. 38 und S. 53..

258 Ebd. S. 78, Frei 1997, S. 265.

259 Friedrich 1994, S. 259.

260 Reichel 2001, S. 108, sowie Frei 1997, S. 54 ff.

261 Zitiert nach: Der Spiegel, 9. Juli 1958, S. 29f.

Eiseles Begnadigung ist somit als Zusammenspiel verschiedenster Faktoren zu sehen, das in eine Amnestierung der Mehrheit der noch in alliierter Haft befindlichen Personen mündete, was gleichsam den Abschluss der frühen Phase der Aufarbeitung der deutschen Verbrechen im Zweiten Weltkrieg markiert, deren Bewertung in Nachhinein für heftige Kontroversen gesorgt hat. So wurde die Entnazifizierung als „Größte Massenlüge der deutschen Geschichte" bezeichnet, als verpasste Chance der Bundesrepublik ein Fundament ohne Altlasten zu geben. Statt dessen sei mit den Tätern ein „großer Frieden" geschlossen worden, indem sie so schnell wie möglich wieder in die Gesellschaft aufgenommen wurden.[262] Das offizielle Scheitern der Entnazifizierung wird umgekehrt jedoch auch als Chance gewertet, da die Auseinandersetzung mit der NS-Vergangenheit auf gesellschaftlicher Ebene umso intensiver statt gefunden habe.[263] So auch durch den „Fall Eisele" von 1958. Ebenso wenig sollten die tatsächlichen Schwierigkeiten, die sich für Gerichte und Staatsanwaltschaften bei der Vorbereitung und Durchführen von NS-Prozessen ergaben, übersehen werden.[264] Dass es in diesen Prozessen immer wieder zu skandalösem Verhalten der Verantwortlichen kam, steht außer Frage, dies jedoch als Folge einer generellen Einstellung zu interpretieren, ist allzu polemisch.

262 Ralph Giordano, Die zweite Schuld oder von der Last, Deutscher zu sein, Hamburg 1987, S. 89.

263 Reichel 2003, S. 37.

264 Rückerl 1971, S. 13f.

6 - Von Landsberg nach Kairo

6.1 Gesellschaftliche Reintegration

Wie in Kapitel 3 erwähnt, verlor Eiseles Familie durch einen britischen Bombenangriff auf Freiburg im November 1944 ihre Wohnung. Aus einer erhaltenen Gebührnis-Karte geht hervor, dass seine Frau mit den drei Kindern danach wohl in Trochtelfingen, in der Nähe Donaueschingens, Unterkunft fand.[265] Eisele selbst bekam nach seiner Freilassung und seinem Entnazifizierungsverfahren eine Spätheimkehrerentschädigung von 3000 DM, da er als Kriegsgefangener anerkannt wurde. Er hatte angegeben, in amerikanischer Internierungshaft gewesen zu sein, dies sei ihm jedoch nur auf Grund seiner SS-Zugehörigkeit geschehen. Seine Tätigkeit in Konzentrationslagern verschwieg er. Auch die Zulassung als Kassenarzt wurde ihm offenbar ohne weitere Probleme erteilt, so dass er in eine Praxis in München-Pasing investieren konnte. Dazu hatte er einen zinslosen Kredit über 25000 DM erhalten.[266] Aus welchen Gründen er nun den Entschluss fasste, nach München zu ziehen, konnte nicht ermittelt werden, er hielt jedoch offenbar nach wie vor Verbindungen in seine Heimatstadt aufrecht.[267] Zumindest für kurze Zeit scheint er sich dort auch nach seiner Entlassung noch aufgehalten zu haben.[268]

Allem Anschein nach gelang es ihm, seine Karriere erfolgreich fort zu setzen, denn die Praxis, in der er u. a. Behandlungen mit Frischzellen durchführte, florierte schon bald.[269] Darüber hinaus ist so gut wie nichts über ihn aus der Zeit zwischen 1952 und 1958 bekannt. Er trat im Laufe des Jahres 1954 in einem Verfahren gegen eine ehemalige Ärztin der Organisation Todt, Dr. Erika Flocken, die in den Dachauer Außenlagern um Mühldorf tätig war, als Belastungszeuge auf. Dafür handelte er sich von ihrem Anwalt eine Anzeige wegen Meineides ein, das anschließende Verfahren wurde jedoch eingestellt. Im Zuge dieser Ermittlungen gingen bei der zuständigen Münchner Staatsanwaltschaft Hinweise auf die Verbrechen Eiseles in Buchenwald ein, denen nicht weiter nachgegangen wurde.[270] Wie bereits erwähnt, wurde er schon 1952 in einem anderen

---

265 BArch (ehem. BDC) BO 160, Bl. 1310.

266 Phayer 2000, S. 201.

267 Vgl. Anm. 175.

268 Hessisches Staatsarchiv Marburg, Best 274, Kassel Acc. 1987/51, Bd. 7, Bl. 95.

269 Zitiert nach: Der Spiegel, 9. Juli 1958, S. 30.

270 Süddeutsche Zeitung, 30. Juli 1958, S. 5.

Verfahren vernommen, wobei er falsche Angaben über seine Zeit in Buchenwald gemacht hatte.[271] Danach werden erst durch die Ereignisse des Jahres 1958 wieder Informationen über Eisele zugänglich.

6.2 Das „Wendejahr" 1958 und die Flucht aus Deutschland

Wie noch zu zeigen sein, wird, markiert das Jahr 1958 in vielerlei Hinsicht einen Wendepunkt in der Geschichte der westdeutschen Vergangenheitsbewältigung und -politik. Der „Fall Eisele" soll hier vor allem an Hand der Artikel in der Süddeutschen Zeitung, die über dieses „Münchner Thema" mit der größten Frequenz berichtete, analysiert werden. Ergänzend dazu werden einige Artikel der Frankfurter Rundschau hinzugezogen. Darüber hinaus ist die Berichterstattung im Presseorgan der VVN, „Die Tat - Antifaschistische Wochenzeitung", von Bedeutung, da hier eine andere, für diesen Fall höchst relevante Interessengruppe repräsentiert ist und durch das wöchentliche Erscheinen eine andere Dynamik vorherrscht.

Für Eisele sollte es der Prozess gegen Martin Sommer, einen ehemaligen Arrestverwalter aus dem KZ Buchenwald sein, der seine bis dahin erfolgreiche Integration abrupt zerstörte. Das Verfahren gegen Sommer, der wegen Misshandlung und Ermordung zahlreicher Häftlinge im Arrestbau Buchenwalds, dem so genannten „Bunker", angeklagt war, lief bereits seit 1950 wurde aber mit Rücksicht auf die Gesundheit des Kriegsversehrten erst mit acht Jahren Verzögerung am 11. Juni vor dem Amtsgericht Bayreuth eröffnet.[272] Der Sommer-Prozess fand unter großem öffentlichen Interesse statt und stellt für sich genommen schon eine Zäsur für die deutschen NS-Prozesse dar, weil hier mit bisher ungekannter Schonungslosigkeit geschildert wurde, mit welcher scheinbar schrankenlosen Brutalität KZ-Häftlinge behandelt wurden. Sommer wurde dabei von der Presse schließlich zur „Bestie von Buchenwald" stilisiert.[273]

Mehrere der gegen Sommer aussagenden Zeugen gaben diesem Prozess jedoch eine gänzlich neue Wendung. So gab etwa der Direktor des Städtischen Nachrichtendienstes München, Josef Ackermann, ehemals Schreiber in der pathologischen Abteilung Buchenwalds, zu Protokoll:

---

271 Vgl. Anm. 76.

272 Zur Biographie Sommer siehe: Gedenkstätte Buchenwald 1999, S. 309. Details zu dem Verfahren finden sich in: Hendrik G. van Dam/Ralph Giordano, KZ-Verbrechen vor deutschen Gerichten Bd.1, Dokumente aus den Prozessen gegen Sommer, Sorge, Schubert, Unkelbach, Frankfurt am Main 1962.

273 Miquel 2004, S. 147.

„Der Sommer war ein primitiver Bursche. Er hatte in seiner SS-Schule gehört, dass alle Häftlinge umzubringen sind. Der Fall Sommer ist für uns kein Fall. Die eigentlich Schuldigen sind die Ärzte. Wir können nachweisen, dass einer dieser Ärzte -nicht aus Primitivität und Sadismus- Hunderte von Morden auf dem Gewissen hat, mehr als Sommer."

Auf Rückfrage des Gerichts nannte er daraufhin Eisele als den von ihm Beschuldigten.[274] Ähnliches sagte auch der Aschaffenburger Kinobesitzer Wilhelm Jellinek aus, der Pfleger im Häftlingskrankenbau gewesen war:

„Hier sitzt der falsche Angeklagte. [...] Es muss sich doch endlich einmal ein Anwalt finden, der den Münchner Arzt Dr. Eisele anklagt. Dr. Eisele hat in einer Woche mehr Menschen ermordet als Sommer in seinem ganzen Leben. [...] Stellen sie sich vor, dieser Arzt hat in München-Pasing eine Praxis und Frauen, Mütter und Töchter kommen ahnungslos zu dem Mann, der vielleicht einmal ihren Bruder, ihren Mann, ihren Vater abgespritzt hat."[275]

Jellinek und Ackermann hatten sich dabei offensichtlich zu Sprechern eins Zusammenschlusses ehemaliger Buchenwaldhäftlinge gemacht, die schon im Vorfeld des Sommer-Prozesses begonnen hatten, innerhalb der VVN systematisch Zeugenaussagen gegen Eisele zu sammeln.[276] Offenbar war Ackermann darauf aufmerksam geworden, dass Eisele in München eine Praxis betrieb und hatte seinerseits erste Recherchen angestellt. Den Prozess gegen Sommer und die damit verbundene Aufmerksamkeit nutzen beide nun dazu, Eisele vor den Augen der Öffentlichkeit zu beschuldigen und in die Schlagzeilen zu bringen. Ganz offen schilderte Ackermann dabei in der Presse das Ziel: *„Wir sind es unseren toten Kameraden schuldig, dass wir hier nicht aus Bequemlichkeit versagen, sondern uns rühren, damit diesem SS-Verbrecher das Handwerk gelegt wird."*[277]

Im Angesicht einer Pressekampagne und mit der Möglichkeit konfrontiert, erneut vor Gericht gestellt zu werden, handelte der gerade aus dem Italienurlaub zurückgekehrte Eisele sehr rasch, zumal er aus der Zeitung erfahren konnte, dass bereits polizeilich gegen ihn ermittelt wurde.[278] Zuerst veröffentlichte er in der Münchner Abendzeitung einen Leserbrief, in dem er zu den Vorwürfen, die im Verlauf des Bayreuther Pro-

274 Zitiert nach: Der Spiegel, 9. Juli 1958, S. 29.

275 Zitiert nach: Süddeutsche Zeitung, 25. Juni 1958, S. 8.

276 Die Tat - Antifaschistische Wochenzeitung, Nr. 22, 7. Juni 1958, S. 3.

277 Ebd.

278 Süddeutsche Zeitung, 25. Juni 1958, S.4.

zesses laut geworden waren, Stellung bezog. Doch ohne die weitere Entwicklung in dieser Sache abzuwarten, tauchte er unter, was am 7. Juli bekannt wurde.[279] Erst im Anschluss an seine Flucht entwickelte sich nun ein breite öffentliche Debatte, die Auswirkungen bis in höchste politische Kreise nach sich zog. Die Umstände seiner Flucht stellten dabei ein erstes Rätsel dar, denn angeblich wurde seine Wohnung bereits seit Anfang Juli polizeilich überwacht.[280] Doch offenbar war diese Maßnahme zu spät angeordnet worden. So gab Eiseles Frau zu Protokoll, am 2. Juli ein Telegramm ihres Mannes aus Düsseldorf erhalten zu haben, wohin er sich begeben habe um Entlastungsmaterial zu sammeln. Am 6. Juli habe sie dann von einem Unbekannten eine schriftliche Mitteilung erhalten, die besagte ihr Mann halte sich nicht mehr in Deutschland auf. Ansonsten machte Hedwig Eisele von ihrem Zeugnisverweigerungsrecht Gebrauch.[281] Durch diese Meldungen alarmiert, leitete die Münchner Staatsanwaltschaft eine Großfahndung über Interpol ein.

Bis zu diesem Zeitpunkt sind die Pressemeldungen noch mit Zurückhaltung verfasst, die Redaktionen arbeiteten jedoch ganz offensichtlich mit Hochdruck daran, die genaueren Umstände von Eiseles Flucht zu erhellen. Und bereits am 9. Juli titelte die Süddeutsche Zeitung: *„Der unglaubliche Fall Eisele. Die guten Beziehungen des aus München geflüchteten ehemaligen KZ-Arztes aus Buchenwald."* In diesem umfangreichen Artikel wurden erstmals zahlreiche Details aus Eiseles Vorleben veröffentlicht, speziell die beiden Begnadigungen wurden dabei nach vorne gespielt und kritisiert. Auch die reibungslose Wiedereingliederung Eiseles ins Zivilleben, die durch den Aufbaukredit und die Heimkehrerentschädigung massiv begünstigt worden sei, wurde als Produkt behördlicher Schlamperei geschildert. Diese habe sich damit fortgesetzt, dass Eisele nach den Vorwürfen aus dem Sommer-Prozess genug Zeit gegeben wurde, seine Flucht vorzubereiten, die eventuell durch Vermittlung der „Stillen Hilfe", einer Organisation ehemaliger SS-Angehöriger durchgeführt worden sei.[282] Auch Die Tat, die bereits seit Ende Mai intensiv über Eisele berichtete, forderte, seine Komplizen zu ermitteln und zur Rechenschaft zu ziehen.[283] Die Frankfurter Rundschau wiederum gab be-

---

279 Werner Bergmann, Antisemitismus in öffentlichen Konflikten: Kollektives Lernen in der politischen Kultur der Bundesrepublik 1949-1989, Frankfurt am Main 1997, S. 200.

280 Süddeutsche Zeitung, 7. Juli 1958, S. 4.

281 Süddeutsche Zeitung, 8. Juli 1958, S. 5.

282 Süddeutsche Zeitung, 9. Juli 1958, S. 3.

283 Die Tat - Antifaschistische Wochenzeitung, Nr. 27, 17. Juli 1958, S. 1.

kannt, dass bereits vor zwei Monaten, durch einen ehemaligen Häftling Anzeige gegen Eisele erstattet worden sei.[284]

Am 10. Juli meldet die dpa, dass Eisele in Ägypten aufgetaucht war und dort politisches Asyl beantragt hätte. Auch einige Fakten über seinen Fluchtweg wurden nun bekannt. So sei er über Genua mit einem italienischen Fährschiff nach Alexandria gereist und von dort aus weiter nach Kairo. Wahrscheinlich wäre er unter falschem Namen gereist, da die Passagierliste des Schiffes von Interpol überprüft worden sei, ohne auf seinen Namen zu stoßen. Ein Auslieferungsantrag der Bundesregierung sei bereits in Vorbereitung.[285] Währendessen versuchte die Münchner Staatsanwaltschaft, die Schuld den Bayreuther Kollegen zuzuschieben, aus deren Unterlagen fälschlicherweise zu entnehmen gewesen wäre, dass Eisele *„irgendwo sein ‚lebenslängliches Zuchthaus' abbüße."* Man habe deswegen nicht die Dringlichkeit einer Ermittlung gegen ihn ersehen können, da man ihn noch in Haft glaubte.[286] In Anbetracht solcher Äußerungen verschärfte sich zusehends der Ton der Berichterstattung. So veröffentlichte Ernst Müller-Meiningen jr. eine Kolumne, deren Titel, „Noch sind Mörder unter uns", auf Wolfgang Staudtes Film von 1946 anspielte, dessen Aussage „vergeben und vergessen" jedoch ins genaue Gegenteil verkehrte.[287] Darin wurde das Vorgehen der Polizei als *„kaum zu überbietender Schildbürgerstreich"* bezeichnet und im Weiteren konstatiert, dass im Vorgehen der Behörden *„gerade in der Abrechnung mit unserer mörderischen Vergangenheit eine kaum faßbare Laxheit herrscht."* Besonders auffällig ist, dass die Süddeutsche Zeitung spätestens seit diesem Zeitpunkt, als sich ein umfassender Skandal abzeichnete, einen deutlich schärferen Stil an den Tag legte, als dies beispielsweise in den Artikeln in Die Tat geschah. Und noch in der selben Ausgabe, konnten neue haarsträubende Fakten präsentiert werden. Beispielsweise stellte sich heraus, dass der Anwalt Dr. Erika Flockens, der Eisele wie erwähnt 1954 wegen Meineids verklagt hatte, gleichzeitig auch Anzeige bezüglich seiner Verbrechen in Konzentrationslagern gestellt hatte. Diese war allem Anschein nach „liegen geblieben". Auch die Anzeige, die kurz vor Beginn des Sommer-Prozesses einging, war offenbar nur schleppend bearbeitet worden. Der Artikel schloss mit einer Aussage des für den Fall zuständigen Kriminalamtmanns im Münchner Polizeipräsidiums, der zu diesem Zeitpunkt schwer kritisiert wurde und der sein Vorgehen äußerst un-

284 Frankfurter Rundschau, 8. Juli 1958, S.5.

285 Süddeutsche Zeitung, 10. Juli 1958, S. 4.

286 Süddeutsche Zeitung, 10. Juli 1958, S. 10.

287 Süddeutsche Zeitung, 11. Juli 1958, S. 1. Dazu auch Brochhagen 1994, S. 253.

glücklich kommentierte: *„Es handelt sich um Mordtaten, die mehr als 15 Jahre zurückliegen. Da kann es doch auf ein paar Tage nicht ankommen. Wir haben ja noch etwas anderes zu tun."*[288] Ganz offenbar bestand jedoch in der Öffentlichkeit wenig Verständnis für eine solche Bagatellisierung. So sah sich der bayrische Justizminister Ankermüller genötigt, sich zu dem Fall in einer Pressekonferenz zu äußern. Dabei stritt er eventuelle Versäumnisse der Justiz ab, gerade Bayern habe sich in der Vergangenheit um eine flächendeckende Bestrafung von NS-Tätern bemüht. Innenminister Bezold ging in die Offensive und stellte die These auf, dass gerade die intensive Berichtserstattung der Presse Eiseles schnelle Flucht erst möglicht gemacht habe.[289]

Bereits am folgenden Tag lautete die Schlagzeile der Süddeutschen Zeitung: *„Der Fall Eisele wird zum Justizskandal"*.[290] Am Vortag war der verantwortliche Staatsanwalt beim Landgericht München 1, Max von Decker, seines Amtes erhoben worden. Wie sich herausgestellt hatte, war von Decker 1954 mit dem oben erwähnten Meineidverfahren gegen Eisele befasst gewesen, im Zuge dessen auch die Anzeige bezüglich Verbrechen in Konzentrationslagern bei ihm eingegangen war.[291] Somit hatte von Decker es zu verantworten, dass den Vorwürfen nicht weiter nachgegangen worden war. Justizminister Ankermüller ordnete daraufhin eine Untersuchung an, in deren Folge ans Licht kam, dass von Decker 1931 der NSDAP beigetreten war. Damit schien der Verdacht bestätigt, dass Eiseles Flucht das Produkt der Zusammenarbeit von Alt-Nazis war, die teils im Untergrund, teils in höchst offiziellen Positionen damit beschäftigt waren, in Not geratenen Kameraden zu helfen. Auch Die Zeit stellte diesbezüglich Vermutungen an in einem Artikel unter der Überschrift: *„Schlamperei oder stille Hilfe?"*[292] Demgegenüber versuchten Ankermüller und der ermittelnde Generalstaatsanwalt Hechtel, Schadenbegrenzung zu betreiben, indem sie ankündigten, *„mit aller Härte"* durchzugreifen und das Geschehen als Versagen von Deckers darzustellen. Zwar werde gründlich überprüft, ob dieser die Angelegenheit ab-

---

288 Ebd. S. 16.

289 Ebd.

290 Süddeutsche Zeitung, 12./13. Juli 1958, S. 1. Ebenso titelte die Frankfurter Rundschau in ihrer Wochenendausgabe.

291 Bergmann 1997, S. 200.

292 Die Zeit Nr. 29, 18. Juli 1958, S. 3.

sichtlich vertuscht habe, man gehe aber davon aus, dass es sich um *„den schlimmsten Fall von Unfähigkeit"* handele.[293]

Währenddessen hatte das Auswärtige Amt die Auslieferung Eiseles bei der ägyptischen Regierung beantragt. Tatsächlich wurde Eisele unmittelbar nach seiner Ankunft in Kairo von der ägyptischen Polizei festgenommen. Er wurde im Kairoer Ausländergefängnis inhaftiert, von wo aus er sich einen Rechtsbeistand organisierte und Antrag auf Asyl stellte. In diesem ging er auf die gegen ihn vorgebrachten Vorwürfe ein und gab an, er habe im Krieg *„als Beamter mit der Wahrung der Sicherheit einer verfassungsmäßigen Regierung nur seine Pflicht getan."*[294] Gegenüber Journalisten behauptete er, erneut Opfer eines Komplotts zu sein:

> „Ich bin ein Opfer jüdischer Verfolgung. Teilen sie bitte der Welt mit, daß ich unschuldig bin. Eine deutsche politische Persönlichkeit sagte mir, daß die Juden Verfahren wie das gegen mich benötigen, um ihre Sache zu unterstützen, da sie als eine Nation ein neues Anliegen haben."[295]

In einem weiteren Bericht in dieser Ausgabe, schrieb der Kairoer Korrespondent der Süddeutschen Zeitung, Eisele beharre auf seiner Unschuld, habe sich jedoch zur Flucht entschieden, da er im politischen Klima der Bundesrepublik keinen fairen Prozess erwarten könne. Auch wird dort erneut der Kontakt Eiseles zu dem in Kairo lebenden Johannes von Leers bestätigt.[296]

Der Skandal hatte indes noch einen weiteren Aspekt erhalten. Seit September 1955 hatte Eisele Franziska Krach, die wohlhabende Witwe eines Lungefacharztes, die an Brustkrebs im Endstadium litt, behandelt. Als diese am 20. Juni 1956 verstarb, stellte sich heraus, dass sie ihr Haus durch einen Erbvertrag, der vom 20. März des Jahres datierte, an Hedwig Eisele vermacht hatte. Im Gegenzug sollte Hanns Eisele sie bis zum Lebensende kostenlos behandeln. Um diesen Vertrag anzufechten, hatte eine Neffe Frau Krachs Anzeige bei der Ärztlichen Bezirksvereinigung gestellt, jedoch nie eine Antwort erhalten. Im Nachhinein ließ sich feststellen, dass ein Unbekannter diese Anzeige, angeblich im Namen des Neffen, zurück gezogen habe. Bei Bekanntwerden dieses Vorfalls begannen in der Presse Spekulationen, ob der geflüchtete Eisele beim Tod von Frau Krach nicht vielleicht die Finger im Spiel gehabt haben könnte.

293 Süddeutsche Zeitung, 12./13. Juli 1958, S. 2.

294 Süddeutsche Zeitung, 14. Juli 1958, S. 1.

295 Ebd.

296 Ebd. S. 3.

Seine eigene Wohnungssituation sei zu dem Zeitpunkt prekär gewesen und es sei anzunehmen, dass er als ehemaliger Lagerarzt und mutmaßlicher Massenmörder keine Skrupel gekannt habe, dem Tod der Frau etwa durch übermäßige Morphiumgaben nachzuhelfen.[297] Um dies zu klären, wurde die Leiche Franziska Krachs im Juli 1958 exhumiert und gerichtsmedizinisch untersucht. Zwar ergaben die Untersuchungen keinen Befund auf ein Gewaltverbrechen, jedoch wurde deutlich darauf hingewiesen, dass Eisele ein Mittel verwendet haben könnte, das nach dem Tod nicht mehr nachzuweisen sei.[298]

Eine Untersuchung dieser Episode im Nachhinein anhand der Presseartikel, gestaltet sich entsprechend schwierig, da die Berichte durchaus darauf abzielen, den Vorfall in ein Gesamtbild der Dämonisierung Eiseles einzufügen und dabei auch nicht darauf verzichten, einen dramatischen Spannungsbogen aufzubauen, der den „Fall Eisele" um einige kriminalistische Aspekte bereichern sollte. Der Wahrheitsgehalt lässt sich nicht weiter überprüfen. Dubios bleibt diese Angelegenheit dennoch. Auch wenn Eisele keine Schuld am Tod Franziska Krachs tragen sollte, so erscheint sein Verhalten doch zumindest äußerst unseriös. Die als naiv und lebensunerfahren geltende Krach befand sich nur wenige Monate bei Eisele in Behandlung, bevor sie ihm ihr Haus im Wert von ca. 150 000 DM vermachte.[299] Es scheint, dass Eisele in kürzester Zeit ein intensives Vertrauensverhältnis aufbauen konnte und dies zu seinem Vorteil ausnutzte. Offenbar setzte er auch die Verwandtschaft nicht über den Tod Frau Krachs in Kenntnis, wie es eigentlich seine ärztliche Pflicht gewesen wäre. Betrachtet man dies nun im Zusammenhang mit den bisher über Eisele zusammengetragenen Erkenntnissen, so findet sich wieder ein Anschluss zu seinen immer wiederkehrenden Motiven, unter denen ökonomische Sicherheit und sozialer Aufstieg stets präsent waren. Um dies zu erlangen war er zumindest skrupellos genug, die Notlage der schwer kranken Frau zu seinem Vorteil auszunutzen. Und wie auch bereits bei seiner Flucht die Frage nach möglichen Komplizen auftauchte, so blieb auch hier völlig unergründlich, wer der Unbekannte war, der die Anzeige von Franziska Krachs Neffen bei der Ärztlichen Bezirksvereinigung annullierte. Darüber hinaus deutet diese undurchsichtige Epi-

---

297 Die Tat - Antifaschistische Wochenzeitung, Nr. 29, 26. Juli 1958, S. 3. Ebenso: Hans Gathmann, Der latente Antisemitismus. Prozesse und Fälle in der Bundesrepublik, in: Die politische Meinung - Monatschrift zu Fragen der Zeit, Nr. 3 1959, S. 62.

298 Süddeutsche Zeitung, 21. Juli 1958, S. 5.

299 Gathmann 1959, S. 62.

sode zumindest an, dass Eisele seine als KZ-Arzt erworbenen Fähigkeiten nach dem Krieg nutzbringend eingesetzt haben könnte.

6.3 Der „Fall Eisele" und seine Folgen

Gegen Ende Juli verlor der so jäh entflammte Skandal jedoch bereits wieder an Dramatik. Die Ermittlung gegen Staatsanwalt Max von Decker wurden mit dem Ergebnis eingestellt, dass es keine Beweise für eine absichtliche Begünstigung gebe, vielmehr sei die Verschleppung des Verfahrens auf die Arbeitsüberlastung von Deckers zurückzuführen. Seine NSDAP-Mitgliedschaft wurde als reine Formsache gewertet, da er sich darüber hinaus nicht politisch engagiert habe. Ebenso wurden die Verantwortlichen im Polizeipräsidium zwar abgemahnt, von weiteren Vorwürfen jedoch frei gesprochen.[300] Die durch den Vorfall sichtbar gewordenen Probleme innerhalb des Münchner Polizei- und Justizapparates sollten allerdings noch für eine längere Debatte darüber sorgen, wie eine Kontrolle der dort tätigen Beamten geschehen könne oder wie es in der Presse formuliert wurde: *„Wer bewacht die Wächter?"*.[301] Die VVN-Bayern übergab des weiteren eine Liste mit 51 Richtern und Staatsanwälten, die durch ihre Tätigkeit im Dritten Reich belastet seien, mit der Forderung diese ihres Amtes zu entheben, ans Bayrische Justizministerium.[302] Während allmählich nun die Frequenz der Berichterstattung spürbar abnahm, geriet die Situation in Kairo unterdessen zur Farce. Unter der Überschrift *„Ägyptische Finsternis um Eisele"* musste die Süddeutsche Zeitung berichten, die ägyptischen Behörden bestritten, Eisele je inhaftiert zu haben. Somit war er vorerst von der Bildfläche verschwunden.[303] Zwar intervenierte Bundesaußenminister Brentano persönlich bei seinem ägyptischen Amtskollegen, was an der Situation jedoch nichts änderte.[304] Im Laufe der nächsten Wochen wurde nach und nach bekannt, dass er im Kairoer Villenvorort Meadi (auch Maadi) untergetaucht war, wohin ihm seine Frau mit den Kindern nachgefolgt war, nachdem sie das Haus in München-Pasing im September für 85 000 DM verkaufen konnte.[305] Das Auslieferungsgesuch der Bundesrepublik wurde mit dem Hinweis auf die, nach ägyptischem Recht bereits vollzo-

---

300 Süddeutsche Zeitung, 30. Juli 1958, S. 5.

301 Der Spiegel, Nr. 51, 17. Dezember 1958, S. 62.

302 Die Tat - Antifaschistische Wochenzeitung, Nr. 31, 9. August 1958, S. 4.

303 Süddeutsche Zeitung, 11. August 1958, S. 1.

304 Süddeutsche Zeitung, 21. August 1958, S. 1.

305 Gathmann 1959, S. 63.

gene Verjährung der Eisele zur Last gelegten Verbrechen, im Oktober abgelehnt. Im Dezember wurde Eisele offenbar noch einmal von einem Journalisten gesichtet, danach verliert sich seine Spur bis auf weiteres.

Welche Schlüsse lassen sich nun aus diesem Abschnitt in Eiseles Biographie ziehen und inwiefern kann man ihn in Zusammenhang mit der Zäsur bringen, die das Jahr 1958 für den Umgang der Bundesrepublik mit ihrer Vergangenheit darstellt?

Entgegen der später durch die 68er breit vertretenen Meinung, besaßen auch die fünfziger Jahre, jenseits aller konservativen und restaurativen Bestrebungen, ein hohes Konfliktpotenzial in Bezug auf die NS-Erblast. Jährlich kam es zu Skandalen um ehemalige NS-Aktivisten, die breite öffentliche Diskussionen auslösten.[306] Dass es nach wie vor weit verbreitete rechtsextreme und antisemitische Einstellungen gab, wurde dabei immer wieder deutlich. Wie bereits angedeutet, wurde durch die Ereignisse des Jahres 1958 nun jedoch eine neue Dimension eingeleitet, die auch zu einer neuartigen Sicht der Vergangenheit führte. 1958 bereits eingeleitet durch den Ulmer Einsatzgruppenprozess und später durch den Sommer-Prozess, bekamen die nationalsozialistischen Verbrechen ein viel konkreteres Antlitz als je zuvor. Mit ungekannter Genauigkeit waren in der Presse die grausamen Details der Mordaktionen nachzulesen, was darauf schließen lässt, dass es auch ein gesellschaftliches Interesse gab, das kennen zu lernen, was zuvor meist unter unklaren Sammelbegriffen wie „Kriegsverbrechen" oder „Kriegsgräuel" subsumiert worden war. Und auch die Täter sollten mit einem Gesicht versehen werden, dessen Beschreibung sich zu diesem Zeitpunkt allerdings noch vornehmlich in Metaphern wie „Bestie", „Henker", etc. ausdrückte. Dies lässt sich auch bei der Berichterstattung über Eisele beobachten, wobei es extrem auffällig ist, dass zwei so unterschiedliche Presseorgane wie die Süddeutsche Zeitung und Die Tat, die gleiche Empörung widerspiegeln. Auch die exponierte Platzierung, die hohe Frequenz und der Umfang der Artikel zeigen, wie wichtig das Thema genommen wurde.

Im Zusammenhang mit der Flucht des Offenburger Studienrates Ludwig Zind, der wegen antisemitischer Äußerungen verhaftet werden sollte und sich ebenfalls nach Ägypten abgesetzt hatte, wurde die Flucht Eiseles zum Anlass genommen, das innere Gefüge der Bundesrepublik in Frage zu stellen.[307] *„Wie lange noch Nazi-Geheimbund?"* fragte Die Tat.[308]

---

306 Reichel 2003, S. 138 ff.

307 Kittel 1993, S. 304.

308 Die Tat - Antifaschistische Wochenzeitung, Nr. 49, 13. Dezember 1958, S. 1.

Damit wurde deutlich der Wandel im Umgang mit der NS-Vergangenheit und ihren Trägern zum Ausdruck gebracht, der sich durchaus auch als eine generationelle Veränderung beschreiben lässt. Der Wunsch nach Integration der Nazi-Täter, der in der Gründungsphase der Bundesrepublik so dominant war, konnte von der Nachkriegsgeneration nicht mehr unhinterfragt geteilt werden. Die Affäre um Eisele offenbart umso mehr ein Bedürfnis nach integren Amtsträgern. Viele Deutsche waren offensichtlich nicht mehr bereit, im öffentlichen Leben Personen begegnen zu müssen, die an nationalsozialistischen Verbrechen beteiligt waren. Dass ein praktizierender Arzt sich als Massenmörder entpuppte, war dabei von besonderer Brisanz, erwartete man doch gerade von einem Arzt ganz besonders ethisches Verhalten, da man zu ihm häufig ein durchaus intimes Vertrauensverhältnis aufbaut.

Auch die Tatsache, dass es einen „Nazi-Geheimbund" geben könnte oder dass ehemalige Nazis zumindest immer noch ihren wie auch immer beschaffenen Einfluss geltend machten, um Kameraden zu helfen und alle Prinzipien des demokratischen Rechtsstaats dadurch umgehbar wurden, erschien völlig inakzeptabel. Eisele war zwar weder der erste noch der einzige NS-Verbrecher, der auf dubiosen Wegen aus Deutschland flüchtete, doch wurde hier ein schonungsloser Blick auf die Hintergründe eröffnet, die solche Fälle möglich machten. Justizminister Ankermüller nannte den Fall Eisele *„das bedauerlichste Versagen und den größten Skandal in der deutschen Justiz nach dem Krieg."*[309] Ob dieser Superlativ angemessen ist mag bezweifelt werden, zum Ausdruck gebracht wurde damit jedoch mit Sicherheit auch, dass es eben nicht nur Eiseles Flucht an sich war, die als skandalös empfunden wurde, sondern das System, das sie ermöglichte. Es stellte sich somit nicht nur die Frage, wie viele Mörder noch immer unbehelligt in Freiheit waren, sondern wie viele sich bereits einer möglichen Bestrafung entzogen hatten, eventuell begünstigt durch behördliche Schlamperei oder sogar Unterstützung. Immerhin beschäftige sich auch der Bundestag gegen Ende des Jahres noch einmal mit der Angelegenheit.[310]

Dass nun im Dezember des Jahres die Zentrale Stelle der Landesjustizverwaltungen in Ludwigsburg eingerichtet wurde und die Verfolgung

---

309 Zitiert nach Kittel 1993, S. 306.

310 In der 45. Sitzung des Bundestags am 3. Dezember 1958 als Teil einer Großen Anfrage der SPD wurden auch Versäumnisse in Bezug auf den Auslieferungsantrag der Bundesregierung an die Vereinigte Arabische Republik Ägypten angesprochen. Friedrich P. Kahlenberg (Hg.), Die Kabinettsprotokolle der Bundesregierung, Boppard am Rhein, 1993, S. 410.

von NS-Tätern dadurch in eine neue Phase überging, die ihren ersten Höhepunkt 1963 im Frankfurter Auschwitz-Prozess finden sollte, steht zwar nicht unmittelbar im Zusammenhang mit Eiseles Flucht, sondern war das Ergebnis einer bereits seit Jahren andauernden Überlegung. Dennoch ist dies auch deutlicher Ausdruck eines gesellschaftlichen und politischen Wandels. Dieser Institution war die Möglichkeit gegeben, auf eigene Initiative hin Ermittlungen gegen Tatverdächtige zu führen und die Tätigkeit der Staatsanwaltschaften diesbezüglich zu koordinieren oder wie es Reinhard Henkys beschrieb:

> „Auf eine Periode vergleichsweise leichter Ergreifung und Aburteilung prominenter und geringerer Diener des Dritten Reichs bis 1951 und die Periode fast zufälliger Verfahren auf Strafanzeige gegen einzelne Personen bis 1958, erfolgte nunmehr die systematische Aufklärung von den Verbrechenskomplexen her."[311]

Dass Eiseles Werdegang für diese Phasen der juristischen Aufarbeitung der NS-Vergangenheit geradezu exemplarisch ist, wird durch dieses Zitat erneut verdeutlicht.

---

311 Henkys 1965, S. 9. Zur weiteren Tätigkeit der Zentralen Stelle siehe: Michael Greve, Von Auschwitz nach Ludwigsburg, in: Susanne Meinl/Irmtrud Wojak (Hg.) Im Labyrinth der Schuld. Täter, Opfer, Ankläger, Frankfurt am Main 2003, S. 41 - 65.

7 - Die letzten Jahre

7.1 Hintergründe der Flucht

Im letzten biographisch orientierten Kapitel sollen nun zunächst noch einmal die Umstände der Flucht Eiseles in Augenschein genommen werden, gerade unter dem Gesichtspunkt, dass über die Rolle Ägyptens als Sammelbecken für flüchtige Nazis bislang wenig veröffentlicht wurde. Insgesamt sind die Netzwerke, die die Flucht hochrangiger NS-Funktionäre ermöglichten, nach wie vor in ihrer Gesamtheit nicht zu erfassen und erscheinen daher häufig äußerst dubios. Besonders durch Frederick Forsyths Roman „Die Akte ODESSA" wurde das Bild einer zentral gesteuerten Organisation geprägt, die weltweit äußerst effektiv im Untergrund operierte. Der Mythos dieser „Organisation der ehemaligen (oder entlassenen) SS-Angehörigen" wurde immer wieder genährt durch spektakuläre Enthüllungen über untergetauchte Kriegsverbrecher wie Adolf Eichmann, Josef Mengele, Klaus Barbie oder Alois Brunner. Mittlerweile gilt als gesichert, dass es nie eine einzige zentrale internationale Organisation ehemaliger Nazis gab, sehr wohl aber einzelne Netzwerke, die zum Teil öffentlich und legal, wie die „Stille Hilfe" oder die einflussreiche „Hilfsgemeinschaft auf Gegenseitigkeit, Bundesverband der Soldaten der ehemaligen Waffen SS" (HIAG) die Interessen ihrer Mitglieder vertraten, wozu auch die Ermöglichung einer Flucht ins Ausland gehörte. Ebenso wurde nach und nach bekannt, wie stark etwa Gruppen innerhalb des Vatikans, das amerikanische CIC oder hochrangige südamerikanische Politkreise daran beteiligt waren, NS-Tätern eine neue Identität zu verschaffen und sie somit vor einer möglichen Bestrafung zu bewahren. Der Schwerpunkt der öffentlichen Wahrnehmung liegt dabei nach wie vor auf der in Südamerika untergekommenen Personengruppe; nicht zuletzt weil sich darunter prominente Täter wie Eichmann, Mengele oder Barbie befanden, während die Nazi-Kolonien, die sich im Nahen Osten und dort besonders in Ägypten etablierten, weitgehend unbeachtet sind.[312] Eiseles Flucht bietet somit einen passablen Ansatz, sich diesem Themenkomplex zumindest anzunähern. So lässt sich auch wenn hierfür keine definitiven Belege vorliegen behaupten, dass er mit Sicherheit Helfer gehabt haben muss, um in dieser kur-

312 Siehe dazu etwa: Uki Goñi, The Real Odessa. How Perón brought the Nazi War Criminals to Argentina, London 2002, oder Holger M. Meding, Flucht vor Nürnberg? Deutsche und österreichische Einwanderung in Argentinien 1945-1955, Weimar/Wien 1994.

zen Zeit unterzutauchen und aus Deutschland zu verschwinden. Ob die Personen, mit denen er in Ägypten Kontakt aufnahm, Johannes von Leers beispielsweise, zu seinem persönlichen Bekanntenkreis gehörten, oder ob hier durch Dritte eine Verbindung aufgebaut wurde, ist im Nachhinein sicher nicht mehr zu ermitteln.

In einer propagandistischen Buchveröffentlichung der DDR, dem „Braunbuch", in der die Politik der Bundesrepublik in Bezug auf NS-Kriegsverbrecher angeprangert wurde, ist die Rede davon, dass Eiseles Flucht durch eine SS-Untergrundorganisation namens „Die Spinne" ermöglicht wurde.[313] Auch wenn es sich dabei um ein politisches Pamphlet handelt, wird hier doch eine nicht gänzlich von der Hand zu weisende Möglichkeit angesprochen. Zwar ist nicht dokumentiert, was sich tatsächlich hinter der angesprochenen Geheimorganisation verbirgt, es soll sich dabei jedoch um ein Produkt Otto Skorzenys handeln, der im Krieg zahlreiche Aufsehen erregende Spezialoperationen durchgeführt hatte, so zum Beispiel die Befreiung Mussolinis am Gran Sasso. Skorzeny war nach dem Krieg in verschiedene Geschäfte, unter anderem mit der CIA und dem sich neu formierenden westdeutschen Geheimdienst verwickelt und organisierte wohl auch Nazi-Fluchtrouten aus Deutschland, unter anderem nach Ägypten.[314] Auch sein Biograph Infield spricht davon, dass er Eisele aus Deutschland lotste.[315] Trifft dies zu, so gibt es dafür zwei mögliche Erklärungen: Skorzeny war zur selben Zeit in Internierungshaft in Dachau wie Eisele, somit könnten sie sich dort tatsächlich persönlich kennen gelernt haben. Aus seinen Memoiren geht überdies hervor, dass er Kogons „SS-Staat" gelesen hatte, also musste ihm Eisele schon von daher ein Begriff sein.[316] Die zweite Erklärung bestünde darin, dass Eisele selbst nach dem Krieg mit SS-Kameraden vernetzt war, die ihm in der heiklen Situation des Sommers 1958 zur Seite standen und ihn an Skorzenys Kontaktleute vermittelten. Auf jeden Fall widerspricht die spontane und gut durchorganisierte Flucht Eiseles

---

313 Nationalrat der Nationalen Front des Demokratischen Deutschland (Hg.), Braunbuch: Kriegs- und Naziverbrecher in der Bundesrepublik, Berlin 1965, S. 85.

314 Glenn B. Infield, Skorzeny: Hitler's Commando, New York 1981, S. 180. Siehe auch: Rena und Thomas Giefer, Die Rattenlinie. Fluchtwege der Nazis. Eine Dokumentation, Frankfurt am Main 1991, S. 134.

315 Ebd. S. 208. Auch Johannes von Leers soll eine Rolle in Skorzenys Organisation gespielt haben, laut Kurt P. Tauber, Beyond Eagle and Swastika. German Nationalism since 1945, Bd. 1, Middeltown 1967, S. 243.

316 Otto Skorzeny, Wir kämpften, wir verloren, Königswinter 1973, S. 259.

Selbstdarstellung als isolierter Einzelgänger, da sie ohne entsprechend gute Verbindungen wohl undenkbar gewesen wäre. Auch wenn sich die Hintergründe nicht im Einzelnen aufschlüsseln lassen, so ist Eiseles Flucht doch ein Beweis dafür, dass es auch in den späten fünfziger Jahren noch sehr aktive SS-Kollektive gab, die zwar sicher nicht im Stil von Forsyths „ODESSA" agierten, aber dennoch sehr effektive Kameradschaftshilfe betrieben.

7.2 Ägypten als Zufluchtsort

Inwiefern konnte sich Eisele nun in Ägypten etablieren? Mit dieser Fragestellung eröffnet sich ein bislang wenig erforschter Themenkomplex, denn im Vergleich zu den Nazi-Verbindungen nach Südamerika ist das ägyptische Exil weitestgehend unerforscht.

Kontakte zwischen der arabischen Welt und dem Hitler-Regime gab es, initiiert durch den Großmufti von Jerusalem Mohammed Amin al-Husseini, bereits seit den dreißiger Jahren und spätestens seit der israelischen Staatsgründung griffen die Anrainerstaaten den nationalsozialistischen Antisemitismus verstärkt auf, der ein wichtiges Bindeglied zu den versprengten Eliten des Dritten Reichs bildete. Bereits im Zweiten Weltkrieg hatte Ägyptens König Farouk die Nähe zum Hitlerregime gesucht, in der Hoffnung, die deutschen Truppen würden die britische Kolonialarmee vertreiben. Diese Tradition wurde auch von Farouks Nachfolgern nach seiner Entmachtung 1952 fortgesetzt. Speziell der neue starke Mann in Ägyptens Politik, Gamal abd-el Nasser, ab 1954 Staatspräsident, griff auf deutsche Experten zur Verwirklichung seiner ehrgeizigen Pläne zurück, so etwa auf den ex-Gestapo-Angehörigen Leopold Gleim, der beim Aufbau der ägyptischen Geheimpolizei behilflich war. Ein weiterer bekannter Name ist Otto Ernst Remer, mitverantwortlich für die Niederschlagung der Verschwörung des 20. Juli, der für Nasser Waffengeschäfte abwickelte. Neben diesen gab es noch zahlreiche andere ehemalige SS- und Gestapo-Männern, die bei der Ausbildung der ägyptischen Armee und Geheimpolizei behilflich waren.[317] Eine besondere Rolle im Ägypten der späten fünfziger Jahre spielte jedoch ein Gruppe von Wissenschaftlern, die zum Teil während des Kriegs mit Raketentriebwerksentwicklung beschäftigt waren und die nicht wie zahlreiche ihrer Kollegen in den USA oder der UdSSR gelandet waren. Der Besitz und die Produktion eigener fortschrittlicher Waffentechnik war eines von Nassers vorrangigen Zielen in der Auseinandersetzung mit Israel und bei der Be-

---

317 Eine Namensliste findet sich in Barch B 162, AR 1603/67, Bd. IV, Bl. 9-21.

strebung, eine Vormachtsstellung innerhalb der arabischen Welt zu erlangen.[318] Insbesondere Mittelstreckenraketen und Düsenflugzeuge standen ganz oben auf seiner Wunschliste und nachdem er in Folge der Suez-Krise die Unterstützung Großbritanniens und der UdSSR zunächst verloren hatte, brauchte Nasser dringend Spezialisten. Nachdem bereits Anfang der fünfziger Jahre deutsche Militärs beim Aufbau der ägyptischen Rüstungsindustrie beteiligt gewesen waren, kontaktierten Nassers Männer nun gezielt Ingenieure, deren Fachwissen über Triebwerks- und Raketentechnik in der Bundesrepublik zu dem Zeitpunkt nicht gefragt war.[319] Als erster Erfolg war zu verbuchen, dass der namhafte Konstrukteur Willy Messerschmidt den Ägyptern die Lizenz zur Fertigung des Düsenjägers HA 200 verkaufte. Anschließend konnte als Leiter des Programms der ehemalige Junkers-Konstrukteur Ferdinand Brandner angeworben werden. Der Österreicher war nach dem Krieg zunächst für einige Jahre in Russland zwangsverpflichtet worden und hatte anschließend nirgends Fuß fassen können.[320] Brandner wiederum warb ehemalige Junkers-Kollegen, so dass sich insgesamt schließlich rund 200 deutsche Experten in Kairo einfanden, die mit hoch dotierten Verträgen ausgestattet wurden und im Kairoer Vorort Heluan Produktionsanlagen aufbauten.[321] Etwa zeitgleich gelang es den Raketenpionier Eugen Sänger zu rekrutieren, der mit einem Expertenteam in Heliopolis einen offiziell als Höhenforschungsrakete deklarierten Flugkörper entwickeln sollte. Sänger selbst kündigte den Kontrakt Anfang der sechziger Jahre auf, nachdem Israel von der Bonner Regierung gefordert hatte, die Beteiligung deutscher Forscher an den ägyptischen Aufrüstungsbestrebungen zu unterbinden.[322] Das Programm wurde unter Leitung von Wolfgang Pilz fortgeführt, der zwischen 1943 und 1945 an der Entwicklung der „V-Waffen" beteiligt war. Die Gründe dieser Wissenschaftler, die nicht wie Eisele auf der Flucht vor der Justiz waren, für Nasser zu arbeiten, sind vielfältig. Für viele waren die außerordentlich gute Bezahlung und der hohe Lebensstandard, der ihnen geboten wurde ausschlaggebend, für andere mag der Hauptgrund gewesen sein, ihre Forschungen weiterfüh-

---

318 Anthony McDermott, Egypt from Nasser to Mubarak. A Flawed Revolution, Beckenham 1988, S. 23 ff.

319 Der Spiegel, Nr. 19, 1963, S. 57.

320 Ebd. S. 58.

321 Einen ausführlichen Bericht liefert Brandner selbst in seinen Memoiren: Ferdinand Brandner, Ein Leben zwischen Fronten. Ingenieur im Schußfeld der Weltpolitik, Wels 1976, S. 263-339.

322 Der Spiegel, Nr. 19, 1963, S. 62.

ren zu können, was in Deutschland zu dem Zeitpunkt nicht möglich war. Der engeren Gruppe um Brandner wurde jedoch nachgesagt, durch ihre Tätigkeit gezielt einen Beitrag im Kampf gegen das Judentum leisten zu wollen.[323]

Der Großteil der deutschen Wissenschaftler hatte sich in Meadi niedergelassen, wo auch Eisele seine Praxis eingerichtet hatte, die in der neu entstandenen Nachbarschaft offenbar regelrecht aufblühte. So äußerte sich ein Mitglied der Gruppe um Brandner: *„Er ist ein guter Arzt. Vor allem unsere Frauen haben Vertrauen zu ihm, außerdem brauchen sie bei Dr. Eisele auch für schwierige Sachen keinen Dolmetscher."*[324] Weitere Einzelheiten über Eiseles Leben in Ägypten sind kaum bekannt. Der Publikation eines Kairoer Journalisten über die Geschichte Meadis ist zu entnehmen, dass er angeblich eine Zeit lang den Namen Karl de Bouche führte und sehr zurückgezogen lebte.[325] In der Öffentlichkeit sei er nur gesehen worden, wenn er zum Frisör ging oder in der Apotheke Medikamente einkaufte. Den Nachbarn sei jedoch wiederholt aufgefallen, dass er von seinem Fenster aus auffällig lange das Gebäude auf der gegenüberliegenden Straßenseite, die örtliche Synagoge, beobachtete. Er habe allerdings häufig Besuch von den deutschen und österreichischen Wissenschaftlern empfangen und auch andere Deutsche, die schon länger im Land waren und zum Teil arabische Namen angenommen hatten, seien regelmäßig bei ihm ein und aus gegangen. Offenbar war Eisele Gegenstand zahlreicher Spekulationen, zumal wohl auch teilweise Einzelheiten über seine Vergangenheit bekannt wurden. So bezeichneten die Lehrer der Deutschen Schule, die seine Kinder besuchten, diese wohl hinter vorgehaltener Hand als *„Kinder des Verfluchten"*.[326]

In diesem Zeitraum sei auch der Postbote durch eine explodierende Bombe in einem an Eisele adressierten Brief schwer verletzt worden. Nur wenig später sei in unmittelbarer Nachbarschaft zu Eisele ein israelischer Agent festgenommen worden, der gerüchteweise auf den Doktor angesetzt war, eventuell um ihn zu liquidieren. Dies ist insofern nicht ausge-

---

323 Ebd.

324 Der Spiegel, Nr. 19, 1963, S. 62.

325 Samir Raafat, Sinister Neighbours of the Worst Kind. The Nazi Next Door, veröffentlicht in der Egyptian Mail am 28. Januar 1995 und einsehbar unter: http://www.egy.com/landmarks/maadi/95-01-28.shtml (Zugriff am 25. 07. 2005.) Siehe auch Raafats Anfrage an die Zentrale Stelle in Ludwigsburg bezüglich Eisele: BArch B 162 AR 1190/93, Bl. 3. Alle hier wiedergegebenen Informationen entstammen diesem Artikel.

326 Raafat 1995.

schlossen, als der israelische Geheimdienst 1962, nachdem die ersten erfolgreichen ägyptischen Raketentests öffentlich bekannt wurden und das Bedrohungspotenzial deutlich geworden war, damit begonnen hatte, Attentate auf die deutschen und österreichischen Wissenschaftler zu verüben, unter anderem durch Briefbombenanschläge.[327] Dass Eisele als flüchtiger NS-Verbrecher mit guten Verbindungen zu diesen Wissenschaftlern dabei mit auf die Abschussliste geriet, kann nicht ausgeschlossen werden. Durch diese Anschlagserie und die Intervention der Bundesregierung, die mittlerweile in dieser Sache massiv unter Druck stand und ihre stillschweigende Haltung nicht mehr aufrecht erhalten konnte, kam das Engagement der Rüstungsexperten bis 1964 nach und nach zum Erliegen.[328] Was danach aus Eisele wurde, ist nicht bekannt. Zwar wurden noch wiederholt Forderungen ehemaliger Häftlinge laut, ein neues Auslieferungsverfahren zu starten, jedoch ohne Erfolg.[329] Die Tat widmete ihm 1963 noch einmal einen Artikel, in dem sie kritisierte, dass die Umstände seiner Flucht nach wie vor ungeklärt und die Verantwortlichen noch immer nicht zur Rechenschaft gezogen worden seien.[330] Ein öffentlicher Skandal blieb diesmal allerdings aus. Eisele selbst starb am 3. Mai 1967 unter unbekannten Umständen im Alter von 55 Jahren und wurde auf dem deutschen Friedhof in Kairos Altstadt beigesetzt. Seine Witwe kehrte mit den Kindern nach Deutschland zurück und ließ sich in Freiburg nieder.[331]

---

327 Ronald Payne, Mossad. Israels geheimster Dienst, Erlangen 1991, S. 79.

328 Der politische Wirbel ist dokumentiert in: Ralf Vogel (Hg.) Der deutsch-israelische Dialog: Dokumentation eines erregenden Kapitels deutscher Außenpolitik, Teil 1, Bd. I, München 1987, S. 228 - 243.

329 Vgl. Barch B 162, AR 2813/64.

330 Die Tat - Antifaschistische Wochenzeitung, Nr. 39, 28. September 1963, S. 11.

331 Auf eine Suche nach Eiseles Kindern oder deren Nachkommen wurde bei den Vorarbeiten zu dieser Arbeit bewusst verzichtet.

8 - Deutungsansätze

8.1 SS-Ärzte zwischen Heilen und Vernichten

Im letzten Teil dieser Arbeit soll nun, nachdem die verfügbaren Quellen zum Leben Hanns Eiseles ausgewertet sind, versucht werden zu ermitteln, ob und wie diese Form der biographischen Studie für die Täterforschung eine Bereicherung darstellen kann. Dabei soll als erstes die in der Einleitung angesprochene Sonderstellung des Arztes aufgegriffen werden. Unabhängig von den hier nur kurz behandelten zeitgeschichtlichen Bedingungen, die zur Beteiligung der deutschen Medizin an den Verbrechen des Dritten Reichs führten, soll zuerst der Versuch unternommen werden, die überzeitlichen Charakteristiken des Arztberufs darzustellen. Handelt es sich dabei doch um einen der Berufe, die nicht nur von den Ausübenden, sondern vor allem in der Fremdwahrnehmung, mit einem ganz besondern Nimbus gesehen werden. Ärzte sind die Helden in Fernsehserien und Filmen, in der Literatur gibt es das eigenständige Genre des Arztromans, ja eventuell ist der Arzt sogar *„der letzte, ernst zu nehmende und auch ernst genommene Held unserer Tage"*.[332] Stets wird dabei auf der einen Seite die dramatische Tätigkeit von Ärzten in ihrem täglichen Kampf gegen den Tod gezeigt, während gleichzeitig erotische Klischees reproduziert werden, die den Erfolg der ärztlichen Tätigkeit unmittelbar in sexuelle Potenz übertragen.

Gerade dieser alltägliche Umgang mit dem Tod, und die Macht, die der Arzt über ihn scheinbar ausüben kann, wenn er einen Patienten rettet, begründen diese Aura, die den Mediziner vom Nicht-Mediziner unterscheidet. Im Unterschied zu diesem ist dem Arzt Einblick in die Zusammenhänge des Lebens möglich, die nicht immer nur als rein naturwissenschaftliche Kenntnisse gedeutet, sondern die eher mit der Tätigkeit eines Priesters verglichen werden können, also auf einer metaphysischen Ebene liegen. Diese Arbeit an der Grenze des Lebens verschafft dem Arzt Bewunderung, Respekt, Dankbarkeit, macht ihn zu einer erotisierenden Figur, kann jedoch auch Distanz, Scheu oder gar Furcht auslösen. So schreibt etwa der Mediziner Till Bastian, in seiner Studie über ärztliche Verbrechen: *„Das erste, was der Medizinstudent kennenlernt, ist das Tote: tote Materie, tote Menschen. An diesem ‚Material' soll er arbeiten, Kenntnisse*

---

332 Till Bastian, Arzt, Helfer, Mörder. Eine Studie über die Bedingungen medizinischer Verbrechen, Paderborn 1982, S. 43.

erwerben."[333] Daraus wird ersichtlich, dass dieser Arbeit am Menschen auch leicht etwas Menschenverachtendes innewohnen kann. Wird der Mensch nur als „Material" gesehen, als eine nach rein naturwissenschaftlichen Gesetzen funktionierende Einheit, so ist der Schritt häufig nicht weit bei dem die Wissenschaft über das Wohl des Menschen gestellt wird. Sprachlichen Ausdruck fand diese Tendenz der Biologisierung des Menschen und der fortschreitenden Distanzierung der Ärzte im NS beispielsweise darin, dass statt von „Menschen" von „menschlichem Leben" oder schlicht „Leben" gesprochen wurde. Karl Brandt bediente sich gar des Begriffs „Lebensträger".[334]

Dazu kommt, dass für alle Mediziner nicht nur diese Gewöhnung an den Tod fester Bestandteil ihrer Ausbildung ist, sondern dass wohl ohne Ausnahme früher oder später jeder Arzt durch sein Handeln den Tod eines Menschen verursacht oder zumindest nicht verhindern kann. Sei es durch eine falsch dosierte Medikamentengabe, sei es durch einen chirurgischen Fehler, dieser Moment gehört zum Arztsein dazu und bildet mithin sogar einen besonderen Initiationsritus unter Medizinern.[335] Auch heute ist es, vor allem unter Jungärzten, aus Gründen einer notwendigen und berechtigten Distanzierung, nicht unüblich, ein solches Ereignis als das „Umbringen" eines Patienten zu beschreiben.[336] Aus dieser besonders schweren Verantwortung, die fest im ärztlichen Selbstverständnis verankert ist und die sich so in kaum einem anderen Beruf wieder findet, lässt sich allerdings auch eine besonders umfassende persönliche Machtvollkommenheit ableiten.[337]

Unter diesen Prämissen wurden viele Ärzte in der Tat zu Mördern im Dienste der Forschung, zum vorgeblichen Wohle der Gesellschaft, zur Steigerung ihres Renommees oder schlicht aus Gewissenlosigkeit und Mangel an Empathie. Dies ist zwar nicht auf die NS-Zeit beschränkt, aber dennoch war es das nationalsozialistische Arztbild, in dem das höchste Maß an Bereitschaft zur Vernichtung „unwerten Lebens" verwirklicht wurde. Die Kulmination der eugenischen und rassehygienischen Vorstellungen, die im 19. Jahrhundert ihren Anfang nahmen und

---

333 Ebd., S. 41.

334 Klaus Dörner, „Ich darf nicht denken." Das medizinische Selbstverständnis der Angeklagten, in: Dörner/Ebbinghaus 2001, S. 343.

335 Siehe dazu auch: Karin Orth, Bewachung, in: Benz/Distel 2005, S. 133.

336 Vgl. das einleitende Zitat auf S. 36.

337 Felix Anschütz, Ärztliches Handeln. Grundlagen, Möglichkeiten, Grenzen, Widersprüche, Darmstadt 1987, S. 176.

im Dritten Reich zur Staatsdoktrin wurden, führten dazu, dass dem Arzt die Sorge für die „Volksgesundheit", den „Volkskörper", übertragen wurde. Damit wurde ihm die Macht gegeben, die als schädlich definierten Teile dieses Körpers auszumerzen. Die Ärzte sollten die „Heiler" der Gesellschaft sein.[338] Daraus habe sich, nach Klaus Dörner, eine „Medikratie" entwickelt, in der nicht länger Krankheiten, sondern vielmehr die Kranken selbst bekämpft wurden.[339] Soziale Zustände wurden analog zu bestimmten Krankheitsbildern erklärt, was etwa in der Beschreibung der Juden als „Krebsgeschwür" mündete, das dementsprechend aus dem Volkskörper herausgeschnitten werden müsse.

In diesem Sinne proklamierte Reichsärzteführer Wagner 1936 die „Neue Deutsche Heilkunde".[340] Zwar verbarg sich hinter dieser ein Konzept, dass in seiner dogmatischen Bevorzugung der vorbeugenden gegenüber der kurativen Medizin letztlich an mangelnder Akzeptanz innerhalb der Ärzteschaft scheiterte, die allgemeine Tendenz findet sich darin jedoch, zumindest in der Verbalisierung, bestätigt.[341] Noch kurz vor Zusammenbruch des Drittens Reichs schrieb Reichsgesundheitsführer Leonardo Conti in einem Artikel im Deutschen Ärzteblatt unter dem Titel „Die Aufgaben des Arztes": *„Den Arztberuf sollte nur der ergreifen, der stärker ist als seine Kranken."* Der Arzt müsse sich von seiner Intuition leiten lassen und *„mehr denn je ein ganzer Kerl sein."*[342] Die grundsätzlich vorhandenen atavistischen Vorstellungen in Bezug auf Ärzte wurden somit, gestützt auf vorgeblich wissenschaftliche Grundlagen, weiter befördert.

Die neuen Leitbegriffe der Zeit, die die verschiedenen Persönlichkeitsebenen des Arztes charakterisieren sollten, waren: Künstler, Priester, Führer, Soldat und Richter.[343] Mit ihnen sollte versucht werden, einen Gegenentwurf zum reinen „Sanitätsmechaniker" als dem Produkt der herkömmlichen Schulmedizin zu beschreiben. Eine vielleicht noch tiefere

---

338 Ebd. S. 337.

339 Klaus Dörner, Wenn Ärzte nur das Beste wollen, in: Stephan Kolb/Horst Seithe (Hg.) Medizin und Gewissen. 50 Jahre nach dem Nürnberger Ärzteprozess, Frankfurt am Main 1996, S. 421 und 424.

340 Fridolf Kudlien, Ärzte im Nationalsozialismus, Köln 1985, S. 92.

341 Fridolf Kudlien, Fürsorge und Rigorismus. Überlegungen zur ärztlichen Normaltätigkeit im Dritten Reich, in: Norbert Frei (Hg.), Medizin und Gesundheitspolitik in der NS-Zeit, München 1991, S. 104 f.

342 Zitiert nach Walter Wuttke, Ideologien der NS-Medizin, in: Jürgen Peiffer (Hg.), Menschenverachtung und Opportunismus: Zur Medizin im Dritten Reich, Tübingen 1992, S. 157.

343 Ebd. S. 160.

Entsprechung findet diese Kopplung von großer Verantwortung und entsprechender Machtfülle, die mit diesen Begriffen umschrieben ist, im Wahlspruch der Waffen-SS: „Den Tod geben und den Tod nehmen", den auch die KZ-Ärzte tagtäglich Wirklichkeit werden ließen.[344] Bei den SS-Ärzten findet sich somit eventuell die extremste Form des nationalsozialistischen Ärzteideals. Schließlich wurde hier die spezielle ärztliche Mentalität der Zeit in eine Mentalität der permanenten Gewaltbereitschaft eingebettet und zu einem mörderischem Amalgam verschmolzen.[345] Demgegenüber stehen Befunde, denen zu Folge ein großer Teil der Ärzte auch in der NS-Zeit einem traditionellen Selbstverständnis folgten und sich dadurch der Durchsetzung der nationalsozialistischen Ideologie auf ihrem Sektor entzogen.[346]

Der Kulminationsprozess, der von den theoretischen Grundlagen des 19. Jahrhunderts zu den Vernichtungsapparaten des Dritten Reichs führt, findet sein Abbild in Eiseles Sozialisation wieder. Sein Studium absolvierte er an einer Fakultät, die neben der aktuellen rassistischen und eugenischen Lehre über eine stark ausgeprägte eigene Tradition der Euthanasiebestrebungen verfügte. Als Assistenzarzt in Sigmaringen erlebte er die unmittelbaren Vorbereitungen zur Vernichtung geistig Behinderter, bei seinem ersten KZ-Aufenthalt in Mauthausen die mörderische Wirklichkeit der nationalsozialistischen Politik. In Buchenwald schließlich wurde er selbst zum Teil dieser Mordmaschinerie. Doch es zeigt sich auch an seinem Beispiel, dass er nicht einfach nur blinder Befehlsempfänger war, sondern dass es einen individuellen Handlungsspielraum gab, für ihn als Arzt vielleicht in besonderem Maße. Seine Opfer gehörten, zumindest lassen die Quellen dies stark vermuten, stets zu den Parias des NS-Weltbilds: Juden, Zigeuner, Asoziale. Selbst die Ermordung der Tuberkulosekranken ist nicht nur als Ausdruck der lagerinternen Seuchenprävention und Dezimierung der „unnützen Esser" zu sehen, sondern ist auch Ausdruck dieses Weltbilds, galt doch die Tuberkulose als die typische Krankheit der Proletarier und Asozialen.[347] Eiseles Taten können somit nicht als Produkt eines pathologischen Sadismus oder als reine Befehlstaten gewertet werden, sie stehen in enger Korrespondenz mit der sozialen Wirklichkeit, die ihn geformt hatte und die ihn umgab. Diese wurde ihm durch langjährige Indoktrination zur festgefügten Direktive, die sich unter den Bedingungen der KZ in eigen-

---

344 Zitiert nach Reichel 1991, S. 229.

345 Vgl. Sofsky 1999, S. 135.

346 Kudlien 1991, S. 109.

347 Labisch 2001, S. 77.

ständiges Handeln transformierte. Umgekehrt beweist die Tatsache, dass er zahlreiche inhaftierte Priester besonders gut behandelte, dass er seinen Handlungsspielraum auch zum Wohl der ihm ausgelieferten Häftlinge nutzte, sofern sie nach seinen persönlichen Wertmaßstäben dieses Privileg verdienten.

Auch gibt er ein gutes Beispiel dafür, wie die Leitbegriffe des ärztlichen Charakters auf einer persönlichen Ebene wirksam wurden. So war ihm die Kunst erklärtermaßen ein großes Anliegen und wichtige Freizeitbeschäftigung, es erscheint demnach plausibel, dass er auch seine Berufsausübung als Kunst ansah. Seine tiefe Religiosität sei es gewesen, die ihm stets Kraft gegeben habe und wie ein Priester habe er auch versucht, sie nach außen wirken zu lassen. Die Begriffe Führer und Soldat verschmelzen bei ihm zum Typus des Kämpfers, der sich allein einer feindlichen Umwelt gegenüber sieht und der sich dennoch behauptet. Und zum Richter erhob er sich nicht nur, indem er Häftlinge zu Todeskandidaten erkor, sondern auch noch im Nachhinein, als er bei seiner Verteidigung das Urteil über die seiner Meinung nach wahren Schuldigen sprach.[348]

In seinem Memorandum bezieht er abschließend Stellung zum System der Konzentrationslager:

> „Sollte ich gefragt werden, ob ich die Existenz, die Institution des K.Z. bedauere, würde ich mit den Worten des früheren englischen Premierministers, Winston Churchill, antworten: »Die K.Z.s sind Pockennarben im Gesicht der schönen deutschen Erde". [...] Pockennarben sind etwas Hässliches und hässliche Dinge verabscheue ich. Und ich bedaure sehr, dass ein deutscher Arzt in die Situation geraten konnte, sich selbst im Gewebe einer solchen Narbe verfangen wiederzufinden."[349]

Dass diese Aussage durchaus nicht als eindeutiger Widerspruch zu werten ist, wird deutlicher durch folgende Passage:

> „Heute kann ich nur bedauern, dass ich nicht länger in Buchenwald blieb. Vielleicht, nein ganz sicher hätte mich ein heiliger Zorn erfasst, und ich hätte in Berlin mit der Faust auf den Tisch geschlagen mit der strikten Forderung, dass der ganze Dreck - von Koch bis Hoven, und von Krämer bis zu seinem letzten Gehilfen - weggefegt werde."[350]

---

348 Vgl. dazu Jäger 1982, S. 206.

349 EM S. 53.

350 Ebd. S. 52.

Hierin kommt ein Idealismus zum Ausdruck, der sich durchaus nicht gegen das KZ als solches richtet, sondern der die dort herrschenden Bedingungen von Korruption und Nepotismus verurteilt. Eisele konnte offenbar nie akzeptieren, dass es in den Lagern zu einer Kooperation von kommunistischen Häftlingen und SS-Angehörigen kam, die auch noch offen geduldet wurde. Korrupte Persönlichkeiten wie Hoven und Koch konnte er nicht mit seinen wohl zum Teil familiär tradierten, zum Teil der NS-Propaganda entlehnten Wertvorstellungen vereinbaren. Endgültig entlarvt wird Eiseles Einstellung durch die hier auf S. 52 schon einmal zitierte Aussage eines Entlastungszeugen:

> „During these talks I ascertained that Dr. Eisele was an adversary of the KZ as it appeared at that time. Dr. Eisele was absolutely against the custom that the political convicts of irreproachable character were forced to live together with the criminal convicts."[351]

Die "untadeligen" Gefangenen sollten also nicht gezwungen werden, mit den "kriminellen" zusammen zu leben. Wie anders hätte Eisele von "untadeligen" Gefangenen sprechen können, wenn er nicht die offizielle Vorstellung der KZ als "Besserungsanstalten" verinnerlicht hatte.

Besonders deutlich wird bei der Betrachtung von Eiseles Tätigkeit in den Lagern, wie unermesslich gerade an diesem Ort die Macht der Ärzte war. Jeder SS-Arzt, der wie Eisele in einem KZ Dienst tat, spielte eine absolut zentrale Rolle für das Leben der Gefangenen, die sich nicht zuletzt auf die Erwartungshaltung gründete, dass ein Arzt stets das Wohl des Menschen und die Gewährleistung seines Überlebens im Sinn haben müsse. Die Häftlingssprache mag als Beispiel für diese besondere Wahrnehmung des Arztes dienen, in der Eisele einerseits die Bezeichnung „Weißer Tod" erhalten hatte, während andere Häftlingsgruppen ihn wiederum den „Engel" nannten.[352] Diese religiös konnotierte Metaphorik als Fortführung der notorischen Benennung des Arztes als „Halbgott in Weiß", bestätigt die Existenz eines Sonderstatus, wiederum in Annäherung an den des Priesters. Noch eine weitere Besonderheit der SS-Ärzte kommt hierdurch zum Ausdruck, die sie deutlich vom Rest des Lagerpersonals unterschied. So nahmen die Ärzte keine fundamental andere Rolle an, wenn sie ihren KZ-Dienst antraten. Sie blieben, auch in ihrer

---

351 Vgl. Anm. 178, Bl. 3.

352 http://www.scrapbookpages.com/DachauScrapbook/DachauTrials/BuchenwaldTrial2.html (Zugriff am 26. Juli 2005) In diesem Zusammenhang ist die Benennung Josef Mengeles als „Todesengel" ebenfalls ein gutes Beispiel.

Funktion als SS-Angehörige, genauso wie im zivilen Leben Arzt. Diese Vermischung zweier Identitäten wurde häufig dadurch versinnbildlicht, dass viele unter ihrem weißen Kittel die schwarze Uniform trugen. Und auch wenn sie in dieser Funktion die Grenzen des Zivilen überschritten, bis zur extremsten Form des Mordes an „Patienten", so taten sie dies doch nach allen formalen Regeln ihres Standes. Während beispielsweise die allermeisten Angehörigen der Wachmannschaften vor dem Krieg irgendeinen anderen Beruf ausgeübt hatten und erst eine Transformation durchliefen, an deren Ende sie, durch ihre Ausbildung, durch die Uniformierung und durch die Bewaffnung, ein Teil des Überwachungssystems und erst in dieser Rolle eventuell auch zum Mörder wurden, töteten die Ärzte in aller Regel mit Injektionen, einem Utensil ihres beruflichen Alltags und unter Einsatz ihres Fachwissens. Dass ein Arzt, wie es über Eisele mehrfach berichtet wird, dennoch auch unmittelbar körperlich Brutalität in Form von Schlägen und Tritten ausüben konnte, zeigt überdies nur, dass es sich hierbei nicht um ein starres Schema der Gewaltphänomenologie handelt, sondern lediglich eine mögliche Form beschrieben wird.

8.2 Das Töten - Versuch einer Annäherung

Nach wie vor birgt die NS-Täterforschung ein „missing link" von herausragender Bedeutung. Bei allen Fortschritten, die mittlerweile zu verzeichnen sind, fehlt es neben allen Bezugnahmen auf Generation und Milieu der Täter, auf deren Sozial- und Organisationsstruktur, bei aller Multikausalität der Erklärungsansätze, an Versuchen, die Taten selbst begreiflicher zu machen. Im Anschluss an Brownings „Ganz normale Männer" fanden in dieser Richtung vor allem Verweise auf die bekannten Versuchsreihen von Stanley Milgram oder Philip G. Zimbardo und der daraus ableitbaren, potenziell vorhandenen Bereitschaft des Menschen zur Gewaltausübung und Autoritätshörigkeit statt.[353] Des weiteren findet man immer wieder Bezugnahmen auf Hannah Arendts Diktum von der „Banalität des Bösen", das das bürokratische arbeitsteilige Element genozidalen Verhaltens beschreiben soll. Daneben existieren diverse, zum Teil bis ins Absurde übersteigerte psychoanalytische Interpretationen.[354] Insofern besteht weiterer Bedarf nach einer systematischen Erforschung des individuellen Erlebens und Ausübens von Aggression

---

353 Welzer 2005, S. 108 ff.

354 Mallmann/Paul 2004, S. 3.

bis hin zum Mord unter den speziellen Bedingungen des nationalsozialistischen Terrorapparates.

In „First Kill“, einer Dokumentation der niederländischen Filmemacherin Coco Schrijber über den Vietnamkrieg, erzählt ein US-Veteran:

> „That first moment, your first kill... it's... strange. Because it's something you've never done before. But after that, well, with me - it started getting good. The killing started getting good. Well, you know... something is wrong here. Something is wrong in this picture.“[355]

Ein anderer geht bei der Beschreibung über das Töten von Menschen noch weiter: *„Sex is such an enjoyable thing. You take it and you compare it to killing somebody... and having the same feeling...“*[356] Diese verstörenden und verstörten Aussagen weisen auf ein stark tabuisiertes Phänomen hin, das zum Teil für die Schwierigkeiten der Nachvollziehbarkeit und somit der Aufarbeitung der Nationalsozialistischen Gewaltverbrechen verantwortlich ist: Die Tatsache, dass Menschen unter bestimmten Bedingungen bereit sind, zu töten, die dies unter „normalen“, friedlichen Bedingungen nicht tun würden. Dennoch sind solche Beschreibungen der lustvollen, wenn auch nicht pathologisch-sadistischen Ausführung von Gewalt auch aus der Opferperspektive bekannt.[357]

Insbesondere im Krieg ist es nicht nur erlaubt, sondern sogar erwünscht, feindliche Soldaten umzubringen. Dieses Phänomen der Aufhebung gesellschaftlicher Schranken wird von den Betroffenen wie auch die hier zitierten Aussagen deutlich machen, häufig zunächst als tief verstörend empfunden. Denn in diesem Moment stimmt tatsächlich etwas nicht mit dem Bild. Eines der größten Tabus der Friedenszeit wird im Krieg durch seine vollkommene Umwandlung pervertiert und hinterlässt ein Gefühl des Zwiespalts. Umso mehr, wenn sich der Vorgang des Tötens als lustvoll und befriedigend erweist, wenn eine Gewöhnung an das stattfindet, was anfänglich noch traumatisierend war, wenn der persönliche Wunsch nach Wiederholung dieses Aktes sich einstellt. Christopher Brownings kommt in „Ganz normale Männer“ zu dem Schluss, dass sich in der von ihm untersuchten Personengruppe, die an Massentötungen teilnahmen, mit der Zeit ein fester Kern von Männer herausbildete, der sich bevorzugt freiwillig für die Erschießungskommandos meldete, während ande-

---

355 Coco Schrijber, First Kill, Niederlande 2001.

356 Ebd.

357 Etwa bei Jean Améry, Jenseits von Schuld und Sühne. Bewältigungsversuche eines Überwältigten, München 1966, S. 56.

re gleichgültig oder widerwillig den Befehlen Folge leisteten. Doch nur in Ausnahmefällen sei es zu Totalverweigerungen gekommen.[358] Da nachweislich die Möglichkeit bestand, sich vor dieser Aufgabe zu drücken oder freistellen zu lassen und man voraussetzten kann, dass die Männer diese Möglichkeit auch wahrgenommen hätten, wenn sie ihre Aufgabe nicht doch irgendwie genossen hätten, bleibt kaum ein anderer Schluss, als von einer Freude oder Faszination am Töten auszugehen, die sich allmählich, nach der ersten Grenzüberschreitung einstellte.[359]

Für die Sozialisation der Konzentrationslager-SS nun war die gemeinsam ausgeübte Gewalt und ganz besonders der gemeinschaftlich begangene Mord, ein fundamentaler Bestandteil. Nur wer sich daran beteiligte, konnte die Anerkennung seiner Kameraden finden. Dabei wurde bewusst eine Atmosphäre der Überwindung aller bürgerlichen Normen geschaffen, ein Ausnahmezustand, in dem der Einzelne verinnerlichen sollte, dass er sich in einem permanentem Kampf befand.[360] Und ganz offenbar muss diesem Ausnahmezustand eine große Attraktivität zugesprochen werden, wie sie sich zum Beispiel in Form von allgemeiner Kriegsbegeisterung ausdrücken kann. Dabei handelt es sich jedoch um eine, wenn auch nicht uneingeschränkt gültige, positiv besetzt und legale Form der Begeisterung. Andere Formen des Ausdrucks einer individuellen Sehnsucht nach Befreiung von bürgerlichen Normen, nach Entgrenzung, wie sie etwa im westdeutschen Terrorismus der siebziger und achtziger Jahre gesehen wurden, können nicht auf eine derart breite Basis der Unterstützung zurück greifen, scheinen aber durchaus ähnliche und vor allem biographisch motivierte Hintergründe zu haben.[361]

Weiterführende Rückschlüsse lassen sich aus militärpsychologischen Studien ziehen, die sich mit den psychischen Dispositionen des Tötens in regulären Kampfeinheiten beschäftigen. Für jede Armee hängt die Ent-

---

358 Browning 1999, S. 220.

359 Zahlreiche Belege hierfür liefern auch die Gesprächsprotokolle in: Sönke Neitzel/Harald Welzer, Soldaten. Protokolle vom Kämpfen, Töten und Sterben, Frankfurt 2011.

360 Dass dies auch für andere Terrororganisationen des Dritten Reichs Gültigkeit besitzt, wurde auch herausgearbeitet in: Hans-Joachim Heuer, Geheime Staatspolizei: Über das Töten und die Tendenzen der Entzivilisierung, Berlin 1995.

361 Vgl. dazu: Herfried Münkler, Sehnsucht nach dem Ausnahmezustand. Die Faszination des Untergrunds und ihre Demontage durch die Strategie des Terrors, in: Reiner Steinweg, Faszination der Gewalt - Politische Strategien und Alltagserfahrung, Frankfurt am Main 1983, S. 60.

scheidung über Sieg oder Niederlage in hohem Maße davon ab wie gut es ihr gelingt, die Soldaten zum Töten des Feindes zu motivieren. Dazu reicht das formale Aufheben des Tötungsverbots häufig nicht aus. Die US-Army kam im Zweiten Weltkrieg zu dem Ergebnis, dass nur 15-20 Prozent der Infanteristen gezielt und mit der Absicht, zu töten, auf gegnerische Soldaten schossen. Noch signifikanter sind Belege, dass nur ein Prozent der amerikanischen Kampfpiloten für 40 Prozent der gesamten Abschüsse der US-Luftwaffe während des Krieges verantwortlich war.[362] Zum einen scheinen diese Zahlen Brownings Befunde zu stärken und auf das Vorhandensein eines bestimmten Persönlichkeitstypus hinzudeuten, der eine besonders starke Gewaltbereitschaft aufweist, zumindest wenn er dazu von einer höheren Autorität aufgefordert wird, die ihn eventuell sogar dafür belohnt oder wenigstens Straffreiheit zusichert. Im Vergleich zu dieser relativ geringen Effektivität ihrer kämpfenden Einheiten, konnte die US-Army, die angesprochene Feuerquote ihrer Infanterie systematisch steigern, auf geschätzte 55 Prozent im Koreakrieg und annähernd 95 Prozent im Vietnamkrieg.[363] Dies gelang beispielsweise durch veränderte Ausbildungstechniken, die sehr viel stärker darauf abzielten, die Rekruten zum Töten zu konditionieren, indem sie realistischen Kampfsituationen nachempfunden waren.

Die induzierte Tötungsbereitschaft innerhalb des Militärs ist also nicht nur auf die individuelle Bereitschaft der Soldaten in Abhängigkeit von ihrer psychischen Verfasstheit angewiesen, sondern kann konkret beeinflusst werden. Dadurch wird wiederum das in jedem Menschen vorhandene gewalttätige Potenzial unter Beweis gestellt.[364] Militärische Ausbildung zielt darauf ab, es zu wecken und zu kanalisieren. Dieser komplexe Vorgang wird als eine Form von Massenpsychose begriffen, da den Soldaten in ihrer Ausbildung durchaus paranoide und reflexartige Verhaltensweisen antrainiert werden sollen, die im Kampf als funktionale Elemente benötigt werden.[365]

Es findet also schon bei regulären Armeen eine Vermischung von „normalem" und „pathologischem" Verhalten statt, das allerdings durch

362 Dave Grossmann, Eine Anatomie des Tötens, in: Peter Gleichmann/Thomas Kühne (Hg.) Massenhaftes Töten. Kriege und Genozide im 20. Jahrhundert, Essen 2004, S. 66.

363 Ebd. S. 90.

364 Hans Askenasy, Sind wir alle Nazis? Zum Potential der Unmenschlichkeit, Frankfurt am Main 1979, S. 101.

365 Rolf Pohl, Sozialpsychologische Anmerkungen zur Psychogenese von Massenmördern, in: Gleichmann/Kühne 2004, S. 175.

bestimmte Faktoren unter Kontrolle gehalten werden soll. So soll das Töten nur im Rahmen der Befehlskette statt finden, nicht aus Eigeninitiative und es soll sich auch nur auf eine bestimmte Gruppe von Zielen richten, idealerweise nur auf feindliche Soldaten.[366] Durch solche Mechanismen soll auch der Kriegszustand noch bestimmten Regeln unterworfen bleiben, deren Befolgung dem einzelnen Soldaten die Legitimation für sein tödliches Handwerk liefert und ihn befähigt, seine psychische Gesundheit und Normalität aufrecht zu erhalten und nach Beendigung des Krieges wieder ins Zivilleben zurückkehren zu können, ohne dort weiter zu töten.

Der militärischen Hierarchie wird dabei eine besonders große Rolle beigemessen. So soll die Autorität des Anführers nicht nur dazu dienen, die Soldaten im Zaum zu halten, sie werde im Gegenteil auch für die Maximierung der Tötungseffizienz benötigt. Je entschlossener ein Offizier seine Befehle ausspreche, umso eher seien seine Untergebenen auch tatsächlich zum Töten bereit.[367] Umgekehrt kann auch speziell bei Mordaktionen an Zivilisten, eine schwache Autorität dazu führen, die unmenschliche Aufgabe mit den Maßstäben menschlicher Schwäche ermessbar und dadurch überhaupt erst lösbar zu machen. Ein Vorgesetzter, der sich also seinen Untergebenen gegenüber anmerken lässt, dass es eine große psychische Belastung darstellt, Wehrlose zu ermorden und dass es akzeptabel ist, darüber in Zweifel zu geraten, kann gerade auf diese Weise die Tötungsmotivation auslösen.[368] Ein Beleg dafür ist, dass zahlreiche Erschießungskommandos nach dem Freiwilligkeitsprinzip erstellt wurden, bei dem im Vorfeld darauf hingewiesen wurde, dass nur wer es sich zutraue, an der Aktion teilnehmen müsse. Dies bewirkte offenbar in fast allen Fällen einen regelrechten Motivationsschub. Zahlreiche ehemalige Angehörige von Einheiten, die an Erschießungsaktionen beteiligt waren, sagten hinterher aus, dass sich immer hinreichend Freiwillige gemeldet hätten.[369]

---

366 Wobei sich das Tötungsgebot auch relativ problemlos auf ein erweitertes Feindbild, das beispielsweise auch Frauen und Kinder mit einschließt, erweitern lässt. Vgl. Welzer 2005, S. 210.

367 Grossmann 2004, S. 58.

368 Welzer 2002, S. 245.

369 Cüppers 2005, S. 112.

Eine Sonderrolle im Zusammenhang der institutionalisierten Gewaltausübung nimmt nun das Lager ein, von Giorgio Agamben deshalb auch als „Ausnahmeraum“ bezeichnet.[370] Hier gelte, im Unterschied zu einem Gefängnis, *„das Kriegsrecht und der Belagerungszustand“*. Die Lager waren Zonen der Geheimhaltung, die dem Auge der Öffentlichkeit und ihren Rechtsvorstellungen entzogen waren. Zwar gab es auch für die Bewacher strenge Regeln, die aber zumeist nur als Vorlage für willkürlichen Terror dienten und die letztlich den Tätern das Gefühl eines völlig rechtsfreien Raumes, einer „rechenschaftslosen Handlungsfreiheit“ (Herbert Jäger), vermittelten, in dem viele diese Allmacht zur Zelebrierung ihrer individuellen Entgrenzung ausnutzen.[371] Die bereits angesprochene Angst Himmlers vor den Triebtätern, die sich gerade unter diesen Bedingungen entwickeln könnten, war somit durchaus nicht aus der Luft gegriffen und ging in die Bestrebungen ein, immer effektivere Formen des industrialisierten und entpersonalisierten Massenmordes zu entwickeln, dessen Höhepunkt die Gaskammern und die jüdischen Sonderkommandos waren.

In vielen Fällen kann man sicher von einer pathologische Deformation der Persönlichkeit durch die Ausübung der terroristischen Lagerpraxis sprechen, was nicht notwendigerweise heißen soll, dass die Täter tatsächlich in einem klinischen Sinne gestört waren.[372] Umgekehrt findet sich häufig ein ganz besonders ausgeprägtes Beharren der Täter auf der Behauptung, trotz dieser Handlungen ein „völlig normales“ Leben geführt zu haben, oft mit einer Betonung ihres glücklichen Familienlebens. Beispielhaft dafür mag die viel zitierte Aussage von Rudolf Höß aus seinen Gesprächen mit dem Gerichtspsychiater Gustave M. Gilbert stehen: *„Ich bin völlig normal. Denn selbst, als ich diese Vernichtungsaufgabe durchführte, war mein Familienleben durchaus normal.“*[373] Dass es sich hierbei auch um subjektiv verzerrte Eindrücke handelte, konnte etwa durch Gespräche mit den Kindern der Täter festgestellt werden, in denen sich sehr wohl gestörte Beziehungen innerhalb der Familien nachweisen ließen.[374] Dennoch ist es eine Konstante der menschlichen Psyche, völlig

---

370 Giorgio Agamben, Homo Sacer. Die souveräne Macht und das nackte Leben, Frankfurt am Main 2002, S. 30.

371 Armanski 1993, S. 30.

372 Ebd. S. 98.

373 Zitiert nach Isidor J. Kaminer, Normalität und Nationalsozialismus, in: Psyche 51, Franfurt am Main 1997, S. 385.

374 So zum Beispiel bei Dan Bar-On, Die Last des Schweigens. Gespräche mit Kindern von Nazi-Tätern, Frankfurt am Main 1993. Eine Bestätigung für die

konträre Verhaltensweisen zu einem konsistenten Ganzen zusammen zu fügen.[375] Für die KZ-Ärzte hat Robert Jay Lifton das Konzept der „Doppplung" entwickelt, das von einer halb bewussten Spaltung der Persönlichkeit in ein normales Selbst und ein „Auschwitz-Selbst" ausgeht.[376] Durch dieses Vehikel sei es ihnen möglich gewesen, die Rolle als nach wie vor auch heilender Arzt und als Familienvater mit ihrem mörderischen Tun zu verbinden. Es handle sich dabei um eine Weiterentwicklung und Radikalisierung der lebensnotwendigen Fähigkeit der menschlichen Psyche, sich unter extremen äußeren Bedingungen zu spalten und dadurch selbst zu schützen. Sie erzeuge in solchen Situationen ein „abweichendes Selbst", das die Konfrontation mit den belastenden Umwelteinflüssen übernehme. Dieses „abweichende Selbst" könne jedoch phasenweise die Kontrolle über die gesamte Persönlichkeit übernehmen, wie dies etwa bei Lagerärzten der Fall gewesen sei. Für viele von ihnen habe darin wohl die einzige Möglichkeit bestanden, dauerhaft funktionieren zu können.[377] Ähnliche Feststellungen wurden vor allem in Bezug auf die Einsatzgruppenleiter gemacht, zum Großteil Akademiker und Intellektuelle, deren Tätigkeit im Vernichtungsprozess als völliger Bruch mit diesem Bild empfunden wurde.[378]

Die Faktoren, die die Tötungsbereitschaft erst auslösen können und die in militärischen Strukturen bewusst gefördert werden, finden im Lager in wesentlichen Teilen eine Steigerung. Dazu gehört beispielsweise, die Gewaltausübung in erster Linie durch Gruppen und arbeitsteilig ausführen zu lassen. Dadurch wird das einzelne Mitglied anonymisiert und seiner persönlichen Verantwortung entledigt und erhält gleichzeitig Bestätigung und Legitimation durch seine Kameraden. Überdies erzeugt die Gruppenformation eine extrem starke Erwartungshaltung, die konformes Verhalten einfordert.[379] Dass Gruppendruck bei Mordaktionen sehr wirksam war, konnte Browning ebenfalls nachweisen und dass die gemeinsame Gewalt eins der wichtigsten sozialen Bindeglieder der Kon-

---

Parallelität von mörderischem Verhalten und scheinbar normalem Familienalltag liefert Gerald Posner, Belastet – Meine Eltern im Dritten Reich. Gespräche mit den Kindern von Tätern, Berlin 1994, S. 280. Siehe auch Kaminer 1997, S. 391.

375 Askenasy 1979, S. 102.

376 Lifton 1986, S. 243 ff.

377 Ebd. S. 494 u. 497.

378 Friedrich 1994, S. 99.

379 Grossmann 2004, S. 65.

zentrationslager-SS war, wurde hier bereits mehrfach erwähnt.[380] Als weiterer wichtiger Faktor wird die Distanz zwischen Täter und Opfer, sowohl in räumlicher als auch in emotionaler Hinsicht, aufgeführt. Die räumliche Distanz, wie sie im Militär am stärksten bei Piloten oder Artilleristen gegeben ist, die ihre Opfer gar nicht erst zu Gesicht bekommen, ist im KZ nicht eindeutig feststellbar[381] SS-Bereich und Häftlingslager waren zwar in der Regel räumlich klar von einander abgegrenzt, so dass das alltägliche Sterben der Häftlinge an Krankheiten und Entkräftung sich zum Großteil außerhalb der Wahrnehmung ihrer Bewacher abspielte. Auch das Prinzip der Häftlingsselbstverwaltung ist als Distanzwahrer anzusehen. Dennoch gab es zahlreiche Gelegenheiten, bei denen Gewaltausübung in sehr direktem physischem Kontakt statt fand. Die Nähe zum Opfer ist hier für die Ausübung der Tat sogar unumgänglich.[382] Umso größer war jedoch die emotionale Distanz, begründet durch die nationalsozialistische Ideologie. Die Täter wurden nobilitiert, indem sie vermittelt bekamen Teil der Herrenrasse zu sein und die künftige Elite Deutschlands zu verkörpern. Umgekehrt wurden ihre Opfer in streng hierarchischer Gliederung als Untermenschen kategorisiert, die biologisch, sozial, kulturell und moralisch minderwertig wären, gleichzeitig allerdings auch gefährlich seien. Somit wurde den Insassen der Lager das Recht auf menschliche Behandlung abgesprochen, während die SS-Angehörigen beständig in der Ansicht bestärkt wurden, ihre Tätigkeit als wichtigen Teil des Krieges zu sehen, als permanenten Kampf gegen die Verkörperungen der rassischen und gesellschaftlichen Bedrohung.

Aus der Perspektive des Täters kommt nun noch ein wichtiger Faktor für die Entscheidung zum Töten dazu, indem er sich nach den Konsequenzen für seine eigene Person befragt.[383] Die Entscheidung wird positiv beeinflusst, wenn er sicher sein kann, sich durch die Tötungshandlung nicht selbst in Gefahr zu bringen und keine Sanktionen befürchten muss. Was in Kampfsituationen in der Tat häufig kritisch überprüft werden muss, etwa wenn ein Soldat seine eigene Deckung aufgeben müsste, um einen Feind anzugreifen, ist im KZ von vornherein ausgeschlossen. Durch die totale Asymmetrie des Verhältnisses zwischen Täter und Opfer, bei der das Opfer so gut wie nie eine Chance auf Gegenwehr hatte, musste der Täter nie um seine Sicherheit besorgt sein. Genauso wenig

---

380 Browning 1999, S. 241.

381 Grossmann 2004, S. 68.

382 Jäger 1982, S. 295.

383 Grossmann 2004, S. 82.

musste er Strafen befürchten, auch wenn er gegen das offiziell vorhandene Tötungsverbot verstieß.

Damit verbunden ist zudem häufig eine Auswahl des Opfers nach bestimmten Effizienzkriterien, wessen Tod also die größte Wirkung erzielt. Schwebt ein Soldat selbst in unmittelbarer Gefahr, fällt seine Auswahl beispielsweise mit hoher Wahrscheinlichkeit auf den Gegner, von dem die größte Bedrohung ausgeht. Befindet er sich umgekehrt in einer sicheren Position, so wird er sein Opfer eher unter dem Gesichtspunkt auswählen, wie er dem Feind den größtmöglichen Schaden zufügen kann. Deswegen Offiziere gehören stets zu den bevorzugten Angriffszielen.[384] Diese Opferauswahl findet auch in der asymmetrischen Beziehung zwischen KZ-Häftlingen und SS-Leuten statt und dies zudem in einem sozialen Raum, in dem Selektion in allen Bereichen ein festes Ritual war.[385] Dabei wurden bevorzugt die Häftlinge Opfer von Gewalt, die einerseits in der nationalsozialistischen Weltanschauung auf der untersten Stufe standen, die aber gleichzeitig auch als große Bedrohung gesehen wurden. Dass dies jüdische Häftlinge in besonderem Maß betraf, wurde in zahlreichen Publikationen herausgearbeitet.[386] Das Verhalten der Täter folgte dabei im Wesentlichen dem von William Thomas aufgestelltem Theorem: „Wenn Menschen eine Situation für real halten, dann ist diese in ihren Folgen real."[387] Weil sie der festen Überzeugung waren, dass die Juden (die Zigeuner, die Kommunisten etc.) eine Gefahr verkörperten, handelten sie dementsprechend. Weitere Kriterien konnten etwa die Arbeitsunfähigkeit eines Häftlings oder das Vorhandensein einer Infektionskrankheit sein, die ihn zum potenziellen Seuchenherd machte. Die Auswahlkriterien folgten also zum einen dem Nutzwert, den der Häftlingsmord für die Infrastruktur des Lagers hatte, indem beispielsweise Kranke und Alte als unnütze Esser eliminiert wurden und ebenso dem Grad der Diskriminierung und Dehumanisierung, den ein Häftling durch die NS-Propaganda erfahren hatte und dadurch als besonders tötenswert erschien. Diese Dehumanisierung und Kriminalisierung fand im KZ-System ihren Höhepunkt. Als Orte der totalen Ausgrenzung der Opfer des Dritten Reichs auf legaler Basis gaben sie den Bewachern die beständige Legitimation dafür, zu strafen und zu töten.[388] Zudem fand

---

384 Ebd. S. 83.

385 Lifton 1986, S. 211ff.

386 So zum Beispiel in: Karin Orth, Experten des Terrors. Die Konzentrationslager-SS und die Shoah, in: Paul 2002, S. 98.

387 Zitiert nach Welzer 2005, S. 254.

388 Jäger 1982, S. 32 f.

dies alles vor dem Hintergrund des Krieges statt und wurde auch als integraler Teil desselben angesehen, was gemeinhin als intensivierender Faktor gewertet wird.[389]

Mit diesen Methoden ist freilich nur ein Teil der Morde in Konzentrationslagern erklärbar, sie erscheint jedoch für das Beispiel Hanns Eiseles besonders geeignet. Dieser Versuch, Grundzüge des legalisierten Tötens vor einem militärischen Hintergrund darzustellen und diese auf die speziellen Bedingungen der Morde in Konzentrationslagern zu übertragen, der nicht mehr als ein Denkanstoß sein kann, soll nun am „Fall Eisele“ noch einmal exemplifiziert werden.

8.3 Eisele als Fallbeispiel

Im vorhergehenden Kapitel wurde angesprochen, dass der Umgang mit dem Tod für Ärzte Teil des beruflichen Alltags ist und es insofern möglich wäre, dass Tötungshemmungen hier eventuell in geringerem Maße vorhanden sind als bei den Angehörigen anderer Berufsgruppen. Aus Eiseles Aufzeichnungen lässt sich dies nicht näher ermitteln. Allenfalls die Tatsache seiner Flucht aus Mauthausen können darauf hindeuten, dass ihn die Realität des massenhaften Todes anfänglich durchaus traumatisierte. Entscheidend wäre es jedoch, eine erste persönlich durchgeführte Tötung nachzuweisen, deren psychische Bewältigung als maßgeblich für die dauerhafte Beteiligung an Mordaktionen angenommen wird, was aus den Quellen heraus nicht möglich ist.[390] Andererseits gibt es mehrere Schilderungen, die davon sprechen, dass Eisele bei seinen Morden häufig ein Schauspiel inszeniert habe, bei dem er dem Opfer eine Untersuchung vorgaukelte und ihm eine Besserung seines Gesundheitszustandes versprach. Dieses Nachspielen und Umfunktionieren einer ganz normalen Praxissituation wirft die Frage auf, ob hier tatsächlich Mordphantasien ausgelebt wurden, in denen der Wunsch, als Arzt Herr über Leben und Tod spielen zu können, eine Rolle spielte.

Beachtenswert allerdings ist wiederum sein ärztlicher Status im Hinblick auf die Autoritätsfaktoren. So waren die KZ-Ärzte nur zum Teil der Lagerhierarchie vor Ort, also dem Kommandanten, unterworfen. In medizinischen Angelegenheiten unterstanden sie direkt dem Leitenden Arzt der Konzentrationslager Dr. Enno Lolling. Bis 1942 war er in dieser Funktion bei der Inspektion der Konzentrationslager, nach der Umstruk-

389 Ebd. S. 254.

390 Vgl. Yves Ternon, Der verbrecherische Staat. Völkermord im 20. Jahrhundert, Hamburg 1996.

turierung der SS wurde er Chef der Amtsgruppe D III im Wirtschaftsverwaltungshauptamt, was aber für seine Amtshoheit über die Lagerärzte keine Veränderung bedeutete.[391] Somit verfügten die Ärzte über ein überdurchschnittlich hohes Maß an Autonomie, zumal sie selbst Offiziersränge bekleideten. Zahlreichen Häftlingsaussagen zufolge nutzen die Ärzte ihre relative Unabhängigkeit vor allem dazu, sich vom Lager fern zu halten, ihre Tätigkeit dort auf ein Minimum zu beschränken und alle anfallenden Arbeiten von Häftlingen erledigen zu lassen.[392] Solange etwa keine Seuchen ausbrachen, die auch die SS bedroht hätten oder besondere Arbeitsleistungen der Häftlinge benötigt wurden, scheint dieses Verhalten auch von der Lagerleitung geduldet worden zu sein. Die Wirksamkeit von Mordbefehlen muss bei ihnen also unter anderen Gesichtspunkten betrachtet werden als bei den meisten anderen Angehörigen des Lagerpersonals, da sie selbst über ein vergleichsweise hohes Maß an Autorität verfügten. So gab Eisele immerhin an, den Befehl zur Sonderbehandlung an den Tbc-Kranken boykottiert zu haben, was ihm die Versetzung nach Natzweiler eingebracht habe, auch wenn dies nicht der Wahrheit entsprechen mag.[393]

Auch das Gruppenphänomen als Faktor der Tötungsbereitschaft spielt hier eine gänzlich andere Rolle, da die ärztliche Tätigkeit sehr oft nur in Gemeinschaft mit Sanitätsdienstgraden der SS oder Häftlingspflegern ausgeübt wurde und er sich somit nicht in einer homogenen Gruppe befand, die entsprechenden Druck hätte ausüben können. In dieser Konstellation wäre es allenfalls denkbar, dass er sich durch mörderisches Verhalten Respekt bei den ihm unterstellten Personen verschaffen wollte, was jedoch höchst spekulativ ist. Sinnvoller ist es, Eiseles Verhältnis zu den anderen Ärzten noch einmal zu betrachten, die mit ihm in den Lagern Dienst taten. Seinen Schilderungen zu Folge erscheint dieses zumeist von gegenseitiger Ablehnung geprägt zu sein. Speziell seine Vorgesetzten in Buchenwald und Dachau kritisierte er in seiner Verteidigung scharf.[394] Auch über andere Kollegen wusste er Negatives zu berichten, was sowohl deren medizinische Kompetenz als auch ihre berufliche Einstellung betraf. Mehrere von ihnen hätten sich ihm gegenüber damit gerühmt, an Häftlingen experimentelle Operationen durchgeführt zu haben. Infolgedessen sei seine Stellung in Buchenwald zu-

391 Bromberger/Mausbach 1985, S. 214f.

392 Lifton 1986, S. 237.

393 EM, S. 18.

394 Vgl. S. 26 und S. 64.

mindest sehr isoliert gewesen.[395] Ein Hinweis auf Gruppendruck könnte sich dabei in folgender Formulierung verbergen:

> „Dr. Jung und Dr. Hoven waren sehr eng befreundet, kamen zuweilen gemeinsam in das Truppenhospital und bemitleideten mich meiner ‚armseligen Tätigkeit' wegen, es sei hier ja ‚kein Blut zu sehen'."[396]

Zwar dient dieser Satz in erster Linie seiner Verteidigung, aber er ist auch sehr aufschlussreich für die Situation, in der er sich befand. So war er als junger Arzt mit wenig praktischer Erfahrung umgeben von älteren Kollegen, was in Kombination mit der komplexen sozialen Wirklichkeit des KZ leicht eine große Verunsicherung bei ihm ausgelöst haben mag. Ob das Auftreten der anderen Ärzte bei ihm deshalb tatsächlich nur Abscheu hervorrief, wie es in seinem Memorandum den Eindruck macht, ist fraglich. Genauso gut könnten ihm daraus Zweifel erwachsen sein, ob ein solches Verhalten den Häftlingen gegenüber vielleicht doch legitim und angebracht sein könnte. Diese Gespräche mit Kollegen könnten für ihn eine Art Initiationsritual gewesen sein. Gerade die älteren Kollegen waren es, die die Neulinge in ihre ungewohnte und zum Teil grausame Tätigkeit im Lager einführten und ihnen durch gutes Zureden oder auch weniger sanft den nötigen Schliff geben sollten.[397] Auch die normative Kraft des Faktischen mag dabei ihre Rolle gespielt haben. Weil er sah, wie sich seine Kollegen verhielten ohne dabei persönliche Betroffenheit zu zeigen oder gar dafür zur Rechenschaft gezogen zu werden und weil umgekehrt die Häftlinge im Konzentrationslager in der Tat nicht viel mehr als Menschenmaterial waren, konnte er dies als „normal" anerkennen.[398]

Eventuell ahmte er bei seinen Inszenierungen des Patientenmordes das Beispiel seiner Kollegen nach, die für ihn auf Grund ihrer größeren Erfahrung Vorbildcharakter gehabt haben könnten, indem er sich in solch makabere Schauspiele versetzte und die Situation dadurch zunächst verfremdete. Auf diese Weise könnte er für sich selbst einen Gewöhnungsprozess eingeleitet haben, indem er den Mord als Untersuchung tarnte. Oder aber er sah sein Vorgehen auf zynische Weise tatsächlich als Gnadenakt, zumindest bei schwer kranken Häftlingen, so dass er selbst

---

395 EM S. 7.

396 Ebd.

397 Robert Jay Lifton/Eric Markussen, Die Psychologie des Völkermordes. Atomkrieg und Holocaust, Stuttgart 1992, S. 117.

398 Vg. Welzer 2005, S. 254.

die Meinung annehmen konnte, seinem Opfer zu helfen.[399] Vielleicht wollte er jedoch auf diese Weise einfach eventuell zu erwartenden Widerstand der betreffenden Häftlinge ausschließen, zumal Täuschungen dieser Art gängiges SS-Repertoire waren.

Dass seine mutmaßliche Opferauswahl mit dem hier vorangestelltem Befund weitgehend übereinstimmt, wurde bereits weiter oben beschrieben. Damit wäre ein für sich genommen plausibler Erklärungsansatz vorhanden, der eine Reihe von Faktoren miteinbezieht, die die Tötungsverbrechen, die Hanns Eisele zur Last gelegt wurden, mit entsprechenden Hintergründen versieht. Er bleibt jedoch in seiner Substanz, auf Grundlage der wenigen vorhandenen Quellen, brüchig und widerlegbar. Was auch ein Hinweis drauf ist, dass die momentan in Bezug auf Direkttäter verfügbaren Argumentationsmuster nicht ausreichend sind, um die zahlreichen Schattierungen mörderischen Verhaltens zu erklären.

In seinen Aufzeichnungen beschreibt Eisele sich als leidenschaftlichen und engagierten Menschen und als überzeugten Christ. Indem er diese Eigenschaften jedoch strategisch nach vorne spielt, zeigt er unabsichtlich die Verinnerlichung einer „nationalsozialistischen Moral" (Harald Welzer). Diese Moral nämlich ließ ihn in seinen Handlungen einen Sinn erkennen. Ob dieser darin bestand, Juden oder Zigeuner zum Schutz der Volksgemeinschaft und des deutschen Blutes zu eliminieren oder in der Ausmerzung „zweitrangiger" Häftlinge, um für andere Kranke bessere Bedingungen zu schaffen, lässt sich nicht erörtern. Er trug damit seinen Möglichkeiten entsprechend zum Fortbestand des KZ-Systems bei.

Eiseles Leben ist eine Karriere der Gewalt, die sicherlich nicht in all ihren Ausprägungen geplant war. Ohne die Umstände des Krieges, hätte er sich wahrscheinlich nicht um einen Posten im KZ beworben, sondern eine Anstellung in einer Klinik angestrebt oder vielleicht eine eigene Praxis eröffnet. Den Weg ins Lager schlug er jedoch ein, als er 1933 in die SS eintrat und sich damit einer Organisation verschrieb, die ihrem Wesen nach gewalttätig war und die im Krieg einen wesentlichen Beitrag zum Holocaust leistete. Durch sein individuelles Engagement leistete Eisele dann wie viele andere einen Beitrag dazu, mag seine Motivation und sein Empfinden dabei auch nicht rekonstruierbar sein. Um sein Ziel eines sozialen Aufstiegs und einer nachhaltigen Versorgung seiner Familie zu verwirklichen, passte er sich frühzeitig in der Hoffnung davon bei seiner Arztkarriere profitieren zu können den politischen Verhältnissen an und erfüllte umgekehrt die Anforderungen des Regimes letzten En-

399 Vgl. Lifton 1986, S. 64.

des mit tödlicher Konsequenz.[400] In der Rückschau sah er sich dabei selbst als Opfer, offenbar ohne seinen eigenen Beitrag zum Funktionieren eines verbrecherischen Systems erkennen zu können. Diesbezüglich soll hier abschließend auf Dr. Eduard Wirths als eine mögliche Vergleichgröße hingewiesen werden. Dieser war u. a. als Standortarzt in Auschwitz nachweislich in hohem Maße an der Aufrechterhaltung des Tötungsbetriebs beteiligt, beharrte aber nach dem Krieg darauf, in den KZ als Arzt stets nur Gutes gewollt zu haben.[401] Im Unterschied zu Eisele beging Wirths jedoch im September 1945 in britischer Gefangenschaft Selbstmord.

---

400 Paul/Mallmann 2004, S. 5.

401 Helgard Kramer, SS-Mediziner in Auschwitz und ihre Repräsentation im ersten Frankfurter Auschwitz-Prozeß : Dr. Hans Münch und Standortarzt Dr. Eduard Wirths, zur Zeit nur online einsehbar: http://www.fu-berlin.de/soziologie/kongress/diskussion/kramer_dt.pdf. (Zugriff am 27. August 2005) S. 10ff.

9 - Resümee und Perspektiven

Mit dieser Arbeit sollte der Versuch unternommen werden, die Möglichkeiten der aktuellen Täterforschung in einer biographischen Studie über eine Person mit geringem Bekanntheitsgrad und ohne herausragende Funktion im Dritten Reich zu erproben. Da es sich hierbei um einen SS-Arzt handelte, sollte besonderer Wert auf die Wahrnehmung von Medizinern als Teil des nationalsozialistischen Terrorinstrumentariums gelegt werden.

Bei den Recherchen in verschiedenen Archiven stellte sich nach und nach heraus, dass hierzu nur eine dünne Quellenbasis vorhanden ist, die in ihren Besonderheiten noch dazu große Zurückhaltung bei der Auswertung erforderlich machte. Eine biographische Arbeit im üblichen Sinne war somit von vornherein ausgeschlossen, lag jedoch auch nicht in meinem Interesse. Hanns Eisele repräsentiert hier einen sehr großen Kreis von Personen, die weder in großem Stil aktenkundig geworden sind noch selbst außerordentlich viel Schriftgut hinterlassen haben. Speziell persönliche Dokumente fehlen häufig vollständig. Nur den Tatsachen, dass Eisele ein umfangreiches Memorandum hinterlassen hat und mehrmals vor Gericht stand, ist es zu verdanken, dass überhaupt ausreichend Material erschlossen werden konnte und zumindest eine Annäherung an die Person und ihre Motive erzielt werden kann.[402] Damit ist jedoch auch eine Grenze der Forschung deutlich geworden. Mit den hier angewandten Methoden ist davon auszugehen, dass ein Fall wie Eisele den äußersten Rand der Tätergruppe markiert, der noch einigermaßen schlüssig rekonstruiert werden kann. Es ist also davon auszugehen, dass zahlreiche NS-Täter einer solchen Kategorie auf diese Art und Weise der Forschung nicht zugänglich sind. Ein Weg, die Möglichkeiten der Forschung zu erweitern, könnte in der Kontaktaufnahme zu Nachkommen bestehen, um dadurch eventuell Zugang zu privaten Nachlässen wie Briefen oder Tagebüchern zu erhalten. Auch Interviews mit den Kindern und Enkeln der Täter könnten von Nutzen sein, wenngleich auch diese Methoden wieder spezifische Schwierigkeiten aufweisen werden.

Zwei Punkte haben sich in dieser Arbeit als mögliche Ansätze weiterführender Forschung ergeben. Zum einen wurde deutlich, dass über die Ärzte der Waffen-SS, speziell was deren Tätigkeit in Konzentrationslagern betrifft, sehr wenig bekannt ist. Der Schwerpunkt der Publikationen zur Geschichte der Medizin im Dritten Reich verfolgt entweder andere

402 Paul 2002, S. 66.

Ansätze oder beschäftigt sich mit anderen Personengruppen, wobei eine besonders intensive Auseinandersetzung mit den Verantwortlichen für die in den KZ durchgeführten Menschenversuche stattfand. Dadurch wurde der Blick jedoch auf eine relativ kleine Gruppe von Ärzten verengt, die ihrem Selbstverständnis nach mehr Wissenschaftler und Forscher als tatsächlich nur Arzt waren. Das übrige Spektrum des ärztlichen Alltags in Konzentrationslagern und die damit verbundenen Medizinverbrechen könnten viel stärker als bisher individuell betrachtet werden. Dabei wäre vor allem eine gruppenbiographische Studie von Nutzen, die über die Details einer Einzelstudie hinaus dazu beitragen könnte, tragfähige Typologisierungen für das Verhalten von SS-Ärzten im KZ-Dienst zu entwickeln und vor allem auch dessen wechselhafte Ausprägungen zwischen Heilen und Vernichten fokussieren könnte.

Ein weiterer Punkt der hier gestreift wurde und der für weiterführende Forschungen bedeutsam ist, ist die Art wie die Täter des Dritten Reichs sich nach Kriegsende an die neuen Verhältnisse anpassen konnten und sich neue Lebensperspektiven erschlossen.[403] Ein besonderer Bereich hierbei, der bislang mehr Stoff für Verschwörungstheorien als für seriöse Forschung lieferte, sind die Netzwerke, mit deren Hilfe NS-Verbrecher nach dem Krieg untertauchen und im Ausland neue Existenzen aufbauen konnten. Im Falle Eiseles wird dabei besonders deutlich, dass die Rolle die Ägypten unter seinem Staatschef Nasser in diesem Zusammenhang gespielt hat, bisher allerhöchstens am Rande berücksichtigt wurde. Auch über das Engagement deutscher Wissenschaftler, die für Nasser Raketen und Kampfflugzeuge konstruierten und deren Verbindungen zu den Untergetauchten, ist kaum noch etwas bekannt. Beide Punkte konnten hier entsprechend nur oberflächlich behandelt werden.

Inwiefern der Erfolg dieser Arbeit nun bemessen werden kann, ist schwer zu beantworten. Zwar konnten hier Grenzbereiche möglicher Forschungsbemühungen lokalisiert werden, eventuell wurde dabei jedoch, trotz aller gegebenen Vorsicht, die nötige Distanz bei der Bewertung der Quellen zu Gunsten spekulativer Aussagen aufgegeben. Es hat sich auch gezeigt, dass die Täterforschung auf dieser individuellen Ebene zwar wichtige Zugänge in das Verständnis der Strukturen der nationalsozialistischen Vernichtungspolitik erschließen kann, dass sie jedoch noch großen Bedarf an Erklärungsansätzen aufweist. Wichtig erscheint vor allem, eine beständige Selbstbefragung der Forschung über die Art des von ihr produzierten Täterbildes. Harald Welzer kritisierte an weiten

403 Herbert 2001, S. 15.

Teilen der Täterforschung, dass sie den Fehler mache, ein Bild der Täter mit dem (unbewussten) Vorsatz zu konstruieren, größtmögliche Distanz zwischen „ihnen" und „uns" herzustellen. Es sei eine trügerische Prämisse davon auszugehen, dass die weitgehende Akzeptanz eines in Friedenszeiten gültigen Tötungsverbots auch einer inneren Tötungshemmung des Menschen entspricht, deren Überwindung die Folge abnormalen Verhaltens sei.[404] Darin zeigt sich die Dauerhaftigkeit exkulpierender und pathologisierender Erklärungsmuster. Es könnte damit eine Antwort gegeben sein, warum es so schwierig ist, das Morden als etwas zu begreifen, was von denen, die es unter bestimmten Umständen getan haben, als sinnstiftend erfahren wurde. Schließlich empfanden manche die Zeit im KZ-Dienst nachweislich als den Höhepunkt ihres Lebens.[405] Ein weiteres Problem könnte darin liegen, dass wir versuchen, Geschichte ganz allgemein und somit auch den Holocaust, mittels narrativer Strukturen zu begreifen und zu reproduzieren und dass damit der Versuch verbunden ist, auch die Täter in ein bestimmtes Rollenmuster zu pressen.[406] Somit kann es ein Fehler der Forschung sein, wenn sie die von ihr selbst entworfenen Typologien als allzu starre Konstrukte verinnerlicht. Gerade die grauenhaften Einzelheiten der Taten scheinen dabei die Aufrechterhaltung einer dämonisierenden Kategorie zu erfordern. Dass dies nicht der Wirklichkeit entspricht, die sich gerade in der Grauzone der Konzentrationslager sehr viel komplexer zeigt und in der häufig nur erahnt werden kann, welche Motive hinter menschlichem Verhalten stehen, wird schnell klar, wenn man versucht, dies in einem Fall wie dem hier vorliegenden zu rekonstruieren. Auch dass hier eine Täterpersönlichkeit vorliegt, die vordergründig mit den Attributen der „Banalität des Bösen" erscheint und der es ganz sicher an „diabolischer Größe" mangelt, kann diese komplexe und abgründige Wirklichkeit nicht verdrängen. Oder wie Jean Améry vor dem Hintergrund seiner eigenen Erfahrungen als Nazi-Opfer schrieb:

> „Es gibt nämlich keine »Banalität des Bösen«, und Hannah Arendt, die in ihrem Eichmann-Buch davon schrieb, kannte den Menschenfeind nur vom Hörensagen und sah ihn nur durch den

---

404 Harald Welzer, Wer waren die Täter? Anmerkungen zur Täterforschung aus sozialpsychologischer Sicht, in: Paul 2002, S. 238.

405 Bar-On 1993, S. 43.

406 Vgl. Hanno Loewy, Faustische Täter? Tragische Narrative und Historiographie, in: Paul 2002, S. 255 ff.

gläsernen Käfig. Wo ein Ereignis uns bis zum äußersten herausfordert, dort sollte nicht von Banalität gesprochen werden, denn an diesem Punkt gibt es keine Abstraktion mehr und niemals eine der Realität sich auch nur annähernde Einbildungskraft."[407]

Klaus Dörner kam vielleicht deswegen zu dem Schluss, dass gerade Historiker bisher nur in geringem Umfang zu einer Aufarbeitung der Rolle von Medizin und Psychiatrie im Nationalsozialismus beigetragen haben und die wesentlichen Beiträge hierzu aus den Fachrichtungen selbst kamen.[408] Vielleicht konnte mit dieser Arbeit eine Perspektive gezeigt werden, dass in dieser Hinsicht noch Möglichkeiten offen stehen.

---

407 Améry 1966, S. 52.

408 Dörner 1996, S. 429.

Abkürzungen

BArch	Bundesarchiv
CIC	Counter Intelligence Corps
HIAG	Hilfsgemeinschaft auf Gegenseitigkeit, Bundesverband der Soldaten der ehemaligen Waffen SS
IfZ	Institut für Zeitgeschichte
JAG	Judge Advocate General's Corps
NSDStB	Nationalsozialistischer Deutscher Studentenbund
ODESSA	Organisation der ehemaligen (oder entlassenen) SS-Angehörigen
RuSHA	Rasse- und Siedlungshauptamt
VVN	Vereinigung der Verfolgten des Naziregimes

Archivalien & Internetquellen

Archiv der Gedenkstätte Buchenwald

Hanns Eisele, Audiatur et altera pars, Landsberg 1947, hier aufgeführt als: Eisele Memorandum (EM)

Bundesarchiv Berlin

BArch (ehem. BDC) SSO, Eisele, Hanns, 13.03.1913.

BO160, Bl. 1310.

BArch (ehem. BDC) BO 160, Bl. 1319.

Bundesarchiv Ludwigsburg

BArch, B 162, LO 243.

BArch B 162 AR 924/67.

BArch B 162 AR-Z 105/76.

BArch B 162, AR 1463/1965.

BArch B 162, AR 1603/67.

BArch B 162, AR-Z 105/76 Bd. I.

BArch B 162 AR-Z 105/76, Bd. V.

BArch B 162, AR 429/84 Bd. III.

BArch B 162, 804.

BArch B 162 AR 68 000 26 Bd. II.

BArch B 162/1789.

BArch B 162 AR 1190/93.

Hessisches Staatsarchiv Marburg

Best 274, Kassel Acc. 1987/51, Bd. 7.

Institut für Zeitgeschichte

IFZ, OMGUS 17/147-2/1 LD.

IFZ, OMGUS 1948/140/2, AG.

Internetquellen

www.kath.kirche-in-trochtelfingen.de/Kapellen/Burgkapelle/body_burgkapelle.html.

http://www.fg.vs.bw.schule.de/projekte/ns-dsfach/nsds-05.htm.

http://staff-www.uni-marburg.de/~rohrmann/Literatur/binding.html.

http://www.lpb.bwue.de/publikat/natzweiler/natzweiler.htm.

www.scrapbookpages.com/DachauScrapbook/DachauTrials/BuchenwaldTrial.html.

http://www.egy.com/landmarks/ maadi/95-01-28.shtml.

http://www.fu-berlin.de/soziologie/kongress/diskussion/kramer_dt.pdf.

Literatur

Giorgio Agamben, Homo Sacer. Die souveräne Macht und das nackte Leben, Frankfurt am Main 2000.

Götz Aly (Hg.), Biedermann und Schreibtischtäter: Materialien zur deutschen Täterbiographie, Berlin 1987.

Jean Améry, Jenseits von Schuld und Sühne. Bewältigungsversuche eines Überwältigten, München 1966.

Felix Anschütz, Ärztliches Handeln. Grundlagen, Möglichkeiten, Grenzen, Widersprüche, Darmstadt 1987.

Hannah Arendt, Die verborgene Tradition, Frankfurt am Main 1976.

Gerhard Armanski, Maschinen des Terrors. Das Lager in der Moderne, Münster 1993.

Hans Askenasy, Sind wir alle Nazis? Zum Potential der Unmenschlichkeit, Frankfurt am Main 1979.

Dan Bar-On, Die Last des Schweigens - Gespräche mit Kindern von Nazi-Tätern, Frankfurt am Main 1993.

Walter Bartel et. al. (Hg.), Buchenwald - Mahnung und Verpflichtung. Dokumente und Berichte, Berlin 1961.

Till Bastian, Arzt, Helfer, Mörder. Eine Studie über die Bedingungen medizinischer Verbrechen, Paderborn 1982.

Till Bastian/Karl Bonhoeffer (Hg.), Thema: Erinnern. Medizin und Massenvernichtung, Stuttgart 1992.

Hans Becker, Medizinstudium und deutsche Vergangenheit, in: *Bastian/Bonhoeffer* 1992 S. 93 - 99.

Wolfgang Benz/Barbara Distel (Hg.), Der Ort des Terrors. Geschichte der nationalsozialistischen Konzentrationslager Bd. 1, München 2005.

Wolfgang Benz/Barbara Distel (Hg.), Der Ort des Terrors. Geschichte der nationalsozialistischen Konzentrationslager Bd. 6, München 2007.

Wolfgang Benz/Angelika Königseder (Hg.), Judenfeindschaft als Paradigma. Studien zur Vorurteilsforschung, Berlin 2002.

Werner Bergmann, Antisemitismus in öffentlichen Konflikten. Kollektives Lernen in der Kultur der Bundesrepublik 1949-1989, Frankfurt am Main 1997.

Ruth Bettina Birn, Die höheren SS- und Polizeiführer. Himmlers Vertreter im Reich und in den besetzten Gebieten, Düsseldorf 1986.

František Blaha, Medizin auf schiefer Ebene. Arolsen 1964.

Jósef Bogusz, Versuche an Menschen, in: *Friedrich* 1992, S. 87 - 101

Tom Bower, Klaus Barbie. Lyon, Augsburg, La Paz - Karriere eines Gestapo-Chefs, Berlin 1984.

Ferdinand Brandner, Ein Leben zwischen Fronten. Ingenieur im Schußfeld der Weltpolitik, Wels 1976.

Ulrich Brochhagen, Nach Nürnberg. Vergangenheitsbewältigung in der Ära Adenauer, Hamburg 1994.

Barbara Bromberger/Hans Mausbach (Hg.), Medizin, Faschismus und Widerstand, Köln 1985.

Barbara Bromberger/Hans Mausbach, Die Tätigkeit von Ärzten in der SS und in Konzentrationslagern, in: *dies*. 1985 S. 186 - 263.

Christopher R. Browning, Das Reserve-Polizeibataillon 101 und die Endlösung in Polen, Reinbek bei Hamburg 1999.

Hans Buchheim, Anatomie des SS-Staats, München 1982.

Frank M. Busher, The US war crimes trial program, New York 1989.

Martin Cüppers, Wegbereiter der Shoah. Die Waffen-SS, der Kommandostab Reichsführer-SS und die Judenvernichtung 1939-1945, Darmstadt 2005.

Gabriele Czarnowski, Das kontrollierte Paar. Ehe- und Sexualpolitik im Nationalsozialismus, Weinheim 1991.

Mihran Dabag/Kristin Platt (Hg.), Genozid und Moderne, Bd.1, Opladen 1998.

Hendrik G. van Dam/Ralph Giordano, KZ-Verbrechen vor deutschen Gerichten Bd.1, Dokumente aus den Prozessen gegen Sommer, Sorge, Schubert, Unkelbach, Frankfurt am Main 1962.

Klaus Dörner, „Ich darf nicht denken." Das medizinische Selbstverständnis der Angeklagten, in: *Ebbinghaus/Dörner* 2001, S. 331 - 358.

Klaus Dörner, Wenn Ärzte nur das Beste wollen, in: *Kolb/Seithe* 1996, S. 421 - 431.

Pierre Durand, Die Bestie von Buchenwald, Berlin 1986.

Angelika Ebbinghaus, Klaus Dörner (Hg.), Vernichten und Heilen. Der Nürnberger Ärzteprozess und seine Folgen, Berlin 2001.

Angelika Ebbinghaus/Karl Heinz Roth, Kriegswunden. Die kriegschirurgischen Experimente in den Konzentrationslagern und ihre Hintergründe, in: *Ebbinghaus/Dörner* 2001, S. 177 - 219.

Ludwig Eiber/Robert Sigel (Hg.), Dachauer Prozesse. NS-Verbrechen vor amerikanischen Militärgerichten in Dachau 1945-1948, Göttingen 2007.

Claudia Eiberg et. al., Studierende an der Medizinischen Fakultät in der Zeit des Nationalsozialismus, in: *Grün* 2002, S. 221 - 244.

Michel Fabréguet, Entwicklung und Veränderung der Funktionen des Konzentrationslagers Mauthausen 1938 - 1945, in: *Herbert* 1998, S. 533 - 557.

Norbert Frei, Karrieren im Zwielicht. Hitlers Eliten nach 1945, Frankfurt am Main 2001.

Norbert Frei, Vergangenheitspolitik. Die Anfänge der Bundesrepublik und die NS-Vergangenheit, München 1997.

Norbert Frei (Hg.), Medizin und Gesundheitspolitik in der NS-Zeit, München 1991

Hannes Friedrich (Hg.), Dienstbare Medizin. Ärzte betrachten ihr Fach im Nationalsozialismus, Göttingen 1992.

Jörg Friedrich, Die kalte Amnestie, München 1994.

Kerstin Freudiger, Die juristische Aufarbeitung von NS-Verbrechen, Tübingen 2002.

Detlef Garbe, Die Täter, in: *Herbert* 1998, S. 822 - 841.

Hans Gathmann, Der latente Antisemitismus. Prozesse und Fälle in der Bundesrepublik, in: Die politische Meinung 3, 1959.

Rena und Thomas Giefer, Die Rattenlinie. Fluchtwege der Nazis. Eine Dokumentation, Frankfurt am Main 1991.

Ralph Giordano, Die zweite Schuld oder von der last, Deutscher zu sein, Hamburg 1987.

Peter Gleichmann, Thomas Kühne (Hg.), Massenhaftes Töten. Kriege und Genozide im 20. Jahrhundert, Essen 2004.

Uki Goñi, The Real Odessa. How Perón brought the Nazi War Criminals to Argentina, London 2002.

Helge Grabitz, NS-Prozesse. Psychogramme der Beteiligten, Heidelberg 1986.

Joshua M. Greene, Justice at Dachau. The Trials of an American Prosecutor, New York 2003.

Michael Greve, Von Auschwitz nach Ludwigsburg, in: *Wojak/Meinl* 2003, S. 41 - 65.

Norbert Groeben, Wie war es möglich? Zur psychologischen Erklärbarkeit von Menschenversuchen im Dritten Reich, in: *Hohendorf* 1990, S. 203 - 233.

Dave Grossmann, Eine Anatomie des Tötens, in: *Gleichmann/Kühne* 2004, S. 55 - 105.

Bernd Grün et. Al. (Hg.), Medizin und Nationalsozialismus Bd. 10, Die Freiburger Medizinische Fakultät und das Klinikum in der Weimarer Republik und im „Dritten Reich“, Frankfurt am Main 2002.

Michael Grüttner, Studenten im Dritten Reich, Berlin 1995.

Israel Gutman (Haupthg.)/Eberhard Jäckel/Peter Longerich/Julius H. Schoeps (Hg.), Enzyklopädie des Holocaust. Die Verfolgung und Ermordung der europäischen Juden, München, Zürich 1993.

Ernst Haberland, Der Pelerinenmann, Berlin 1981.

David Hackett, Der Buchenwald-Report, München 1986.

Horace R. Hansen, Witness to Barbarism, St. Paul 2002.

Karin Hartewig, Wolf unter Wölfen? Die prekäre Macht der kommunistischen Kapos im Konzentrationslager Buchenwald, in: *Herbert* 1998, S. 939 - 958.

Reinhard Henkys, Die NS-Gewaltverbrechen, Stuttgart 1964.

Ulrich Herbert, Wer waren die Nationalsozialisten? Typologie des politischen Verhaltens im NS-Staat, in: *Hirschfeld/Jersak* 2004, S. 17 - 45.

Ulrich Herbert, Best. Biographische Studien über Radikalismus, Weltanschauung und Vernunft 1903-1989, Bonn 2001.

Ulrich Herbert/Karin Orth/Christoph Diekmann. (Hg.) Die nationalsozialistischen Konzentrationslager. Entwicklung und Struktur, Göttingen 1998.

Michael Herr, An die Hölle verraten. Dispatches, Reinbek bei Hamburg 1987.

Hans-Joachim Heuer, Geheime Staatspolizei. Über das Töten und die Tendenzen der Entzivilisierung, Berlin 1995.

Edgar Hilsenrath, Der Nazi und der Friseur, München 1996.

Gerhard Hirschfeld, Tobias Jersak (Hg.), Karrieren im NS. Funktionseliten zwischen Mitwirkung und Distanz, Frankfurt am Main 2004.

Hans-Georg Hofer, Die Freiburger Medizinische Fakultät im Nationalsozialismus, Frankfurt am Main 2003.

Gerrit Hohendorf (Hg.), Von der Heilkunde zur Massentötung, Heidelberg 1990.

Rudolf Höß, Kommandant in Auschwitz. Autobiographische Aufzeichnungen, Stuttgart 1958.

Volkhard Huth, Donaueschingen - Stadt am Ursprung der Donau, Sigmaringen 1989.

Fern Overbey Hilton, The Dachau Defendants. Life stories from Testimony and Documents of the war Crimes Prosecution, Jefferson 2004.

Hans-Georg Hofer, Die Freiburger medizinische Fakultät im Nationalsozialismus, Frankfurt am Main 2003.

Glenn B. Infield, Skorzeny. Hitler's Commando, New York 1981.

Internationales Lagerkommitee Buchenwald, Bericht des Internationalen Lagerkommitees, o. A.

Herbert Jäger, Verbrechen unter totalitärer Herrschaft. Studien zur nationalsozialistischen Gewaltkriminalität, Frankfurt am Main 1982.

Friedrich P. Kahlenberg (Hg.), Die Kabinettsprotokolle der Bundesregierung, Boppard am Rhein, 1993.

Isidor J. Kaminer, Normalität und Nationalsozialismus, in: Psyche 51, 1997, S. 385 - 409.

Miroslv Kárný, Waffen-SS und Konzentrationslager, in: Herbert 1998, S. 787 – 799.

Michael H. Kater, Die soziale Lage der Ärzte im NS-Staat, in: *Ebbinghaus/Dörner* 2001, S. 51 - 68.

Michael H. Kater, Ärzte als Hitlers Helfer, München 2002.

Benedikt Kautsky, Teufel und Verdammte. Sieben Jahre in deutschen Konzentrationslagern, Wien 1961.

Sven Keller, Günzburg und der Fall Josef Mengele. Die Heimatstadt und die Jagd nach dem NS-Verbrecher, München 2003.

Robert Kempner, SS im Kreuzverhör. Die Elite, die Europa in Scherben brach, Nördlingen 1987.

Manfred Kittel, Die Legende von der zweiten Schuld. Vergangenheitsbewältigung in der Ära Adenauer, Berlin 1993.

Ernst Klee, Das Personenlexikon zum Dritten Reich. Wer war was vor und nach 1945? Frankfurt am Main 2003.

Ernst Klee, Was sie taten, was sie wurden. Ärzte, Juristen und andere Beteiligte am Kranken- und Judenmord, Frankfurt am Main 1998.

Ernst Klee, Auschwitz, die NS-Medizin und ihre Opfer, Frankfurt am Main 1997.

Ernst Klee, Persilscheine und falsche Pässe. Wie die Kirchen den Nazis halfen, Frankfurt am Main 1991.

Gertrud Koch (Hg.), Bruchlinien. Tendenzen der Holocaustforschung, Böhlau 1999.

Eugen Kogon, Der SS-Staat. Das System der deutschen Konzentrationslager, Frankfurt am Main 1946.

Stephan Kolb/Horst Seithe (Hg.) Medizin und Gewissen. 50 Jahre nach dem Nürnberger Ärzteprozess, Frankfurt am Main 1996.

Fridolf Kudlien, Fürsorge und Rigorismus. Überlegungen zur ärztlichen Normaltätigkeit im Dritten Reich, in: *Frei* 1991, S. 99-113.

Fridolf Kudlien, Ärzte im Nationalsozialismus, Köln 1985.

Hans-Georg Kühn, Die Verbrechen der SS-Ärzte im Häftlingskrankenbau des Konzentrationslagers Buchenwald und die hygienischen Bedingungen im Lager, Weimar-Buchenwald 1989.

Werner F. Kümmel, Antisemitismus und Medizin im 19. und 20. Jahrhundert, in: *Peiffer* 1992, S. 44 - 68.

Alfons Labisch, Die hygienische Revolution im medizinischen Denken. Medizinisches Wissen und ärztliches Handeln, in: *Ebbinghaus/Dörner* 2001, S. 68 - 93.

Landeszentrale für Politische Bildung Baden-Württemberg, Auf dem Weg zu einer Geschichte des Konzentrationslagers Natzweiler, Stuttgart 2000.

Bernd Laufs, Vom Umgang der Medizin mit ihrer Geschichte, in: *Hohendorf* 1998, S. 233 - 253.

Fritz Lettow, Arzt in den Höllen, Berlin 1997.

Primo Levi, Die Untergegangenen und die Geretteten, München 1993.

Robert J. Lifton, Ärzte im Dritten Reich, Stuttgart 1988.

Robert J. Lifton, Eric Markusen, Die Psychologie des Völkermordes: Atomkrieg und Holocaust, Stuttgart 1992.

Hanno Loewy, Faustische Täter? Tragische Narrative und Historiographie, in *Paul* 2002, S. 255 - 265.

Klaus-Michael Mallmann/Gerhard Paul (Hg.), Karrieren der Gewalt. Nationalsozialistische Täterbiographien, Darmstadt 2004.

Klaus-Michael Mallmann/Gerhard Paul, Sozialisation, Milieu und Gewalt: Fortschritte und Probleme der neueren Täterforschung, in: *dies.* 2004, S. 1 - 32.

Harold Marcuse, Legacies of Dachau. The uses and abuses of a concentration camp 1933-2001, Cambridge 2001.

Hans Maršálek (Hg.), Die Geschichte des Konzentrationslagers Mauthausen, Wien 1980.

Anthony McDermott, Egypt from Nasser to Mubarak. A Flawed Revolution, Beckenham 1988.

Holger M. Meding, Flucht vor Nürnberg? Deutsche und österreichische Einwanderung in Argentinien 1945-1955, Weimar/Wien 1994.

Marc von Miquel, Ahnden oder Amnestieren? Westdeutsche Justiz und Vergangenheitspolitik in den sechziger Jahren, Göttingen 2004.

Alexander Mitscherlich, Medizin ohne Menschlichkeit. Dokumente des Nürnberger Prozesses, Frankfurt am Main 1989.

Herfried Münkler, Sehnsucht nach dem Ausnahmezustand. Die Faszination des Untergrunds und ihre Demontage durch die Strategie des Terrors, in: *Steinweg* 1983, S. 60 - 88.

Nationalrat der Nationalen Front des Demokratischen Deutschland (Hg.) Braunbuch. Kriegs- und Naziverbrecher in der BRD, Berlin 1965.

Sönke Neitzel/Harald Welzer, Soldaten. Protokolle vom Kämpfen, Töten und Sterben, Frankfurt 2011.

Lutz Niethammer, Der gesäuberte Antifaschismus. Die SED und die roten Kapos von Buchenwald, Berlin 1994.

Karin Orth, Die Konzentrationslager-SS. Sozialstrukturelle Analysen und biographische Studien, München 2004.

Karin Orth, Experten des Terrors. Die Konzentrationslager-SS und die Shoah, in: *Paul* 2002.

Karin Orth, Egon Zill, in: *Mallmann/Paul* 2004, S. 264 - 274.

Karin Orth, Die Historiografie der Konzentrationslager und die neuere KZ-Forschung, in: Archiv für Sozialgeschichte 47, 2007, S. 579-598.

Kurt Pätzold, Häftlingsgesellschaft, in: *Benz/Distel* 2005, S. 110 – 126.

Gerhard Paul (Hg.), Die Täter der Shoah. Fanatische Nationalsozialisten oder ganz normale Deutsche?, Göttingen 2002.

Gerhard Paul, Von Psychopathen, Technokraten des Terrors und ganz gewöhnlichen Deutschen. Die Täter der Shoah im Spiegel der Forschung, in: *ders.* 2002, S. 13 - 90.

Ronald Payne, Mossad. Israels geheimster Dienst, Erlangen 1991.

Jürgen Peiffer (Hg.), Menschenverachtung und Opportunismus. Zur Medizin im Dritten Reich, Tübingen 1992.

Jürgen Peiffer, Damals und heute. Ethische Konfliktsituationen des wissenschaftlich arbeitenden Arztes, in: *ders.* 1992, S. 213 - 250.

Joachim Perels (Hg.), NS-Täter in der deutschen Gesellschaft, Hannover 2002.

Joachim Perels, Wahrnehmung und Verdrängung von NS-Verbrechen durch die Justiz, in: *Gleichmann/Kühne* 2004, S. 361 - 371.

Michael Phayer, The Catholic Church and the Holocaust, 1930 - 1965, Bloomington 2000.

Rolf Pohls, Normalität und Pathologie - Sozialpsychologische Anmerkungen zur Psychogenese von Massenmördern, in: *Gleichmann/Kühne* 2004, S 158 - 179.

Gerald Posner, Belastet. Meine Eltern im Dritten Reich. Gespräche mit den Kindern von Tätern, Berlin 1994.

Jan Philipp Reemtsma, Tötungslegitimationen. Die mörderische Allianz von Zivilisation und Barbarei, in: *Koch* 1999, S. 85 - 103.

Peter Reichel, Der schöne Schein des Dritten Reiches. Faszination und Gewalt des Faschismus, München 1991.

Peter Reichel, Vergangenheitsbewältigung in Deutschland, München 2001.

Gabriel Richter, Die psychiatrische Abteilung des Fürst-Carl-Landeskrankenhauses in Sigmaringen im "Dritten Reich". Leiden, Stigmatisierung, Sterilisation und Tötung angeblich unheilbar Kranker am Beispiel der Hohenzollerischen Lande, in: Zeitschrift für Hohenzollerische Geschichte Bd. 30/31, Sigmaringen 1994/1995, S. 241-282.

Bodo Ritscher/Anton Hermann, Walter Krämer - Ein Arzt für die Häftlinge, (Buchenwald-Heft 17), Weimar 1983.

Adalbert Rückerl, NS-Prozesse. Nach 25 Jahren Strafverfolgung, Karlsruhe 1971.

Adalbert Rückerl, Die Strafverfolgung von NS-Verbrechen 1945-1978. Eine Dokumentation, Karlsruhe 1979.

Werner Scherf, Die Verbrechen der SS-Ärzte im KZ Buchenwald - der antifaschistische Widerstand im Häftlingskrankenbau. Diss. Humboldt - Universität, Berlin 1987.

Jens Schley, Nachbar Buchenwald. Die Stadt Weimar und ihr Konzentrationslager 1937-1945, Köln 1991.

Ulf Schmidt, Hitlers Arzt Karl Brandt. Medizin und Macht im Dritten Reich, Berlin 2009.

Coco Schrijber, First Kill (Film), Niederlande 2001

Tom Segev, Die Soldaten des Bösen. Zur Geschichte der KZ-Kommandanten, Reinbek bei Hamburg 1992.

Eduard Seidler, Die medizinische Fakultät der Albert-Ludwigs-Universität in Freiburg, Berlin/Heidelberg 1991.

Jorge Semprun, Was für ein schöner Sonntag!, München 2004.

Gitta Sereny, Am Abgrund: Gespräche mit dem Henker. Franz Stangl und die Morde von Treblinka, München 1995.

Samuel Shem, The House of God, New York 1978.

Robert Sigel, Im Interesse der Gerechtigkeit. Die Dachauer Kriegsverbrecherprozesse 1945-1948, Frankfurt am Main/New York 1992.

Otto Skorzeny, Wir kämpften, wir verloren, Königswinter 1973.

Ronald Smelser/Enrico Syring, (Hg.), Die SS: Elite unter dem Totenkopf. 30 Lebensläufe, Darmstadt 2003.

Arthur L. Smith, Die Hexe von Buchenwald: Der Fall Ilse Koch, Böhlau 1995.

Wolfgang Sofsky, Die Ordnung des Terrors, Frankfurt am Main 1999.

Robert Steegmann, Das Konzentrationslager Natzweiler-Struthof und seine Außenkommandos an Rhein und Neckar 1941–1945, Berlin 2010.

George H. Stein, Geschichte der Waffen-SS, Düsseldorf 1967.

Harry Stein (Hg.) Konzentrationslager Buchenwald 1937-1945. Begleitband zur ständigen historischen Ausstellung, Göttingen 1999.

Harry Stein, Funktionswandel des KZ Buchenwald, in: *Herbert* 1998, S. 167 - 179.

Reiner Steinweg (Hg.), Faszination des Gewalt - Politische Strategie und Alltagserfahrung, Frankfurt am Main 1983.

Andrzej Szczypiorski, Die schöne Frau Seidenmann, München 2004.

Kurt P. Tauber, Beyond eagle and swastika. German Nationalism since 1945, Middletown 1967.

Yves Ternon, Der verbrecherische Staat - Völkermord im 20. Jahrhundert, Hamburg 1996.

Peter Thomsen, Ärzte auf dem Weg ins „Dritte Reich". Studien zur Arbeitsmarktsituation, zum Selbstverständnis und zur Standespolitik der Ärzteschaft gegenüber der staatlichen Sozialversicherung während der Weimarer Republik, Husum 1996.

Rolf Vogel (Hg.), Der deutsch-israelische Dialog. Dokumentation eines erregenden Kapitels deutscher Außenpolitik, Band 1, München 1987.

Bernd Wegner, Hitlers politische Soldaten. Die Waffen-SS 1933-1945, Paderborn 1983.

Annette Weinke, Die Verfolgung von NS-Tätern im geteilten Deutschland. Vergangenheitsbewältigungen 1949-1969 oder: Eine deutsch - deutsche Beziehungsgeschichte im Kalten Krieg, Paderborn 2002.

Harald Welzer, Täter. Wie aus ganz normalen Menschen Massenmörder werden, Frankfurt am Main 2005.

Harald Welzer, Massenmord und Moral, in: *Dabag/Platt* 1998, S. 254 - 272.

Harald Welzer, Wer waren die Täter? Anmerkungen zur Täterforschung aus sozialpsychologischer Sicht, in: *Paul* 2002, S. 237 - 253.

Harald Welzer, Nationalsozialismus und Moderne, Tübingen 1993.

Michael Wildt, Generation des Unbedingten. Das Führungskorps des Reichssicherheitshauptamtes, Hamburg 2003.

Rolf Winau, Medizinische Experimente in den Konzentrationslagern, in: *Benz/Distel* 2005, S. 165 - 179.

Irmtrud Wojak/Susanne Meinl (Hg.), Im Labyrinth der Schuld. Täter, Opfer, Ankläger, Frankfurt am Main 2003.

Walter Wuttke, Ideologien der NS-Medizin, in *Peiffer* 1992, S. 157 - 172.

Richard Zahlten, Dr. Heinrich Feurstein, Donaueschingen 1992.

Stanislav Zámecník, Das war Dachau, Luxemburg 2002.

Zeitfracht Medien GmbH
Ferdinand-Jühlke-Straße 7
99095 Erfurt, Deutschland
produktsicherheit@kolibri360.de